Gilberto Freyre

Uma Cultura Ameaçada
e outros ensaios

CB067360

Gilberto Freyre

Uma Cultura Ameaçada
e outros ensaios

apresentação de José Carlos Venâncio

REALIZAÇÕES

Impresso no Brasil, julho de 2010
Copyright © 2010 by Fundação Gilberto Freyre
Rua Dois Irmãos, 320 · Apipucos · 52071 440
Recife, PE, Brasil
www.fgf.org.br · fgf@fgf.org.br

Os direitos desta edição pertencem a
É Realizações Editora, Livraria e Distribuidora Ltda.
Caixa Postal: 45321 · 04010 970 · São Paulo, SP, Brasil
Telefax: (5511) 5572 5363
e@erealizacoes.com.br · www.erealizacoes.com.br

Editor
Edson Manoel de Oliveira Filho

Gerente editorial
Bete Abreu

Pesquisa e seleção de textos
Jamille Barbosa

Organização e preparação
Armando Olivetti

Revisão
Marcos Gimenes
Liliana Cruz

Capa e projeto gráfico
Mauricio Nisi Gonçalves / Estúdio É

Diagramação e editoração eletrônica
André Cavalcante Gimenez e Natália Nebó e Jambor / Estúdio É

Pré-impressão e impressão
Prol Editora Gráfica

Reservados todos os direitos desta obra.
Proibida toda e qualquer reprodução desta edição
por qualquer meio ou forma, seja ela eletrônica ou mecânica,
fotocópia, gravação ou qualquer outro meio de reprodução,
sem permissão expressa do editor.

SUMÁRIO

Nota do editor..9
Apresentação
   José Carlos Venâncio..11
Prefácio do autor (1980)...13

PARTE 1 – UMA CULTURA AMEAÇADA: A LUSO-BRASILEIRA
   Uma cultura ameaçada: a luso-brasileira (1940) 19

APENSOS – TEXTOS DE GILBERTO FREYRE
   1. Bibliografia de propaganda antiluso-brasileira 47
   2. Questão de culturas 49
   3. A grande cultura ameaçada: a cristã 53
   4. Americanismo e lusismo 57
   5. Brasileirismo...59
   6. O português e a rotina 61
   7. Valores de cultura trazidos à América pelos portugueses 63

APENSOS – TEXTOS DE OUTROS AUTORES
   8. Um documento de excepcional importância, *por Álvaro Lins* (1941) 67
   9. Gilberto Freyre e a cultura luso-brasileira, *por Manuel Anselmo* (1943) 71
   10. Uma cultura ameaçada: a luso-brasileira, *por José Lins do Rego* (1942) 77
   11. Panlusismo, *por Sérgio Buarque de Holanda* (1944) 81
   12. Uma cultura sempre ameaçada, *por Edson Nery da Fonseca* (1971) 91

PARTE 2 – OUTROS ENSAIOS DE GILBERTO FREYRE
   1. Em torno de um novo conceito de tropicalismo (1952) 101
   2. A experiência portuguesa no trópico americano (1957).......................................117
   3. Integração de raças autóctones e de culturas diferentes da europeia na
      comunidade lusotropical – Aspectos gerais de um processo (1961) 139

4. O Brasil em face das Áfricas negras e mestiças (1962) 151
5. Camões: vocação de antropólogo moderno? (1984) 175
6. Portugueses nos primeiros conhecimentos dos trópicos (1986) 203
7. Um encontro entre dois eus de brasileiros preocupados com a renovação da língua portuguesa no Brasil (1991)..209

*À memória de Gastão Cruls
e a Vianna Moog e Moysés Vellinho*

NOTA DO EDITOR

A presente edição de *Uma Cultura Ameaçada e Outros Ensaios* reserva algumas diferenças substanciais em relação à primeira (Recife, sem indicação de editor, 1940, 88 páginas), intitulada originalmente *Uma Cultura Ameaçada: a Luso-Brasileira*.

Desde então, o pequeno opúsculo de 1940 foi sendo enriquecido em sucessivas edições com acréscimos de artigos "de" e "sobre" Gilberto Freyre.

A segunda edição, já com 103 páginas (Rio de Janeiro, Casa do Estudante do Brasil), apareceu dois anos depois (1942). No ano seguinte, foi publicada a edição argentina, por iniciativa do escritor Newton Freitas: *Una Cultura Amenazada: la Luso Brasileña* (Buenos Aires, Escritório Comercial do Brasil, 1943, 72 páginas, número 13 da Colección Problemas Americanos), na qual já havia sido acrescentado o ensaio-conferência do autor "Actualidad de Euclydes da Cunha".

Uma Cultura Ameaçada foi, ainda, incluída na segunda edição da obra *O Mundo que o Português Criou* (Lisboa, Livros do Brasil, sem indicação de data, páginas 169-221, Coleção Livros do Brasil, 16).

A presente edição, compilada pela É Realizações, reproduz em sua primeira parte a edição de 1980 de *Uma Cultura Ameaçada* sem modificação do conteúdo, apenas optando por separar entre "Textos de Gilberto Freyre" e "Textos de Outros Autores" – a de 1980 é a terceira edição brasileira deste livro (quarta em língua portuguesa), ampliada com novos apensos e uma introdução do autor. Já a segunda parte da presente edição é formada por sete ensaios de Gilberto Freyre, apresentados em ordem cronológica, que pela primeira vez figuram juntos em uma publicação.

APRESENTAÇÃO

José Carlos Venâncio

Apresentar um livro de Gilberto Freyre em que constem textos como "Uma Cultura Ameaçada", "Em Torno de um Novo Conceito de Tropicalismo" ou ainda "O Brasil em Face das Áfricas Negras e Mestiças", aparentemente secundários no conjunto da sua obra, é, em vez disso, rever um conjunto de ideias que desempenharam um papel central na construção do modelo teórico com que procurou explicar a formação da sociedade brasileira e das demais sociedades tropicais de colonização portuguesa. Os textos datam respectivamente de 1940, de 1952 e de 1962, correspondendo, assim, a conjunturas políticas diversas. Em 1940, quando profere no Gabinete Português de Leitura, em Pernambuco, a conferência em apreço, a II Guerra Mundial estava ao rubro; em 1952, quando se debruça sobre o tropicalismo, o mundo saía dos efeitos desta guerra e, na Ásia e na África, os respectivos nacionalismos faziam o seu caminho. Em 1962, estes mesmos nacionalismos ou já haviam logrado o seu objetivo principal, que era a independência política dos respectivos países, ou alimentavam, no que às colônias portuguesas se refere, as lutas de libertação que então se iniciavam. Gilberto Freyre havia, entretanto, percorrido o império colonial português a convite do então ministro do Ultramar português, Sarmento Rodrigues. Dessa viagem resultaram os livros *Aventura e Rotina*, de forte índole literária, e *Em Terras Portuguesas*, uma antologia das conferências e dos discursos proferidos. Entre os textos antologiados encontra-se precisamente aquele que ora é novamente dado à estampa: "Em Torno de um Novo Conceito de Tropicalismo".

Na verdade, não se registram grandes mudanças ideológicas do autor ao longo dos anos que permeiam os textos em apreço. Mantém-se fiel ao modelo desenvolvido em *Casa-Grande & Senzala* quanto às características da presença portuguesa nos trópicos, a saber, a mobilidade, a miscibilidade e a aclimatabilidade, às quais acrescenta o gosto, aparentemente contraditório, do português pela rotina e pela aventura. São características que configuram, no fim, o que entende por matriz cultural luso-brasileira, em defesa da qual sai em 1940, na conferência proferida a respeito, porque a entende ameaçada pelo imperialismo germânico, cujos tentáculos se estendiam às colônias alemãs sediadas no sul do país.

Se em "Uma Cultura Ameaçada" os perigos para a sobrevivência da matriz cultural luso-brasileira vinham sobretudo do imperialismo nazista alemão, nos textos posteriores sente necessidade de a diferenciar da experiência colonial anglo-saxônica. Quando escreve os dois últimos textos, a conjuntura política internacional havia mudado e Freyre, mantendo-se fiel ao seu quadro interpretativo inicial, cujas virtualidades saem a perder com a instrumentalização política a que foi sujeito, suscitou a animosidade dos nacionalistas africanos e das forças políticas de esquerda quer em Portugal, quer no Brasil. Hoje, porém, num mundo que tanto tem de globalizado como de anglo-saxonizado ou americanizado, ao evocar-se a lusofonia como plataforma identitária e estratégica, talvez não se esteja tão afastado assim do sentido que Freyre atribuíra à matriz cultural luso-brasileira.

E mais: no desiderato crítico de que tem sido alvo a sua obra, nem sempre acompanhado de aturada análise, pouca ou nenhuma importância tem sido prestada à faceta que o próprio, entre as suas atividades, mais relevava: a de escritor. Para além das questões de ordem sociológica ou histórica que os textos ora antologiados importam, há que reconhecer a qualidade literária com que foram escritos. Freyre foi e permanecerá um exímio escritor de língua portuguesa.

Covilhã, 9 de junho de 2010.

PREFÁCIO DO AUTOR (1980)

A iniciativa do Gabinete Português de Leitura do Recife, de reeditar a conferência *Uma Cultura Ameaçada: a Luso-Brasileira*, aí proferida em época incerta para o destino dessa e de outras culturas – 1940 – vem reavivar minhas relações mais que amigas com essa já antiga instituição, expressivamente binacional. E com seus sempre atuantes líderes. Um deles Xavier Pinto Coelho: sempre infatigável e lúcido.

Em recente pronunciamento no Recife, o antropólogo Egon Schaden, mestre paulista dos maiores na sua especialidade, recordou dessa conferência que o autor situara o assunto como tema antropológico. Pungentemente antropológico, na verdade.

Mais: dentro da perspectiva nova para a antropologia, como ciência próxima da filosofia social, que suponho ter surgido, no Brasil, tanto mais do que nos cursos de Lévi-Strauss e da esposa – então mais notável que o futuro antropólogo do estruturalismo –, na então recém-aparecida Universidade de São Paulo – no curso pioneiríssimo de Antropologia Social-Cultural, proferido pelo já então autor de *Casa-Grande & Senzala* em 1935, na também recém-aparecida Universidade do Distrito Federal (Rio de Janeiro). No Rio de Janeiro, de maneira mais próxima de uma renovadora filosofia social de particular interesse para a cultura brasileira, que nos cursos dos Lévi-Strauss em São Paulo: mestres, naqueles dias, muito ligados a convenções tecnocráticas nos estudos antropológicos. E considerando objetos de estudo antropológico somente sociedades e culturas das chamadas primitivas. Aliás, já como antropologia em parte filosófica, e não apenas científica, nos seus objetivos, é que se apresentara em 1933 *Casa-Grande & Senzala* no seu modo abrangentemente plural de procurar ser ousada reinterpretação da formação sociocultural brasileira: uma formação em que a uma cultura civilizante juntaram-se culturas primitivas. Uma reinterpretação em que ciência, história e literatura, mesmo sem se apresentarem enfaticamente de todo conclusivas, apresentam-se obliquamente filosóficas. Antropologia ou sociologia filosófica.

Uma Cultura Ameaçada: a Luso-Brasileira, ao aparecer em 1940, foi além. À base de uma visão antropológica do assunto, extremou-se, em clamor filosófico –

e ajunte-se que também literário – a favor da resistência de uma cultura – a luso-brasileira – ao imperialismo cultural representado por cultura centro-europeia na qual se encarnaram, de modo ameaçador, valores e desígnios opostos aos social e culturalmente luso-brasileiros. Invoca-se na conferência proferida no Gabinete Português de Leitura uma imagem da cultura ameaçada – a luso-brasileira – em traços nada abstratos. Apresentados não em sociologuês, ou antropologuês, mas em claro português: existencial, literário, plástico. E talvez não seja exagero dizer-se dessa invocação que é unamunamente agônica. Ou agônica de um modo diferente do de Unamuno, embora com ele aparentado. Aparentado também com o existencialismo ou o agonismo de Kierkegaard.

Esse agonismo inseparável de quem em 1940 sentisse intuitivamente, pungentemente – e não apenas logicamente –, o perigo de morte para uma cultura do tipo da brasileira como ampliação da maternalmente portuguesa – que seria a vitória em termos maciços do nazismo racista. Como de Kierkegaard e de Unamuno se tem dito não terem sido apenas lógicos nas suas antropologias filosóficas, pode-se dizer o mesmo da visão antropofilosófica que orientou o autor de uma, no assunto, já filosoficamente comprometida *Casa-Grande & Senzala*, a pronunciar-se, como se pronunciou, na conferência *Uma Cultura Ameaçada: a Luso-Brasileira*. Um clamor agônico. E esse clamor, numa língua, ela própria, no momento em que foi levantado do Recife esse clamor, agônica, ela própria, ameaçada de morte. Ela própria, então ignorada como língua de grandeza literária por cientistas sociais notáveis, como o geógrafo estadunidense – mestre na sua especialidade – Preston James. Ignorada por vários outros Preston James. Era um dos argumentos nazifascistas: o Brasil degradadamente mestiço não possuía sequer uma língua de valor literário. Fingia-se ignorar *Os Lusíadas*. Ignorar Fernão Mendes Pinto. Ignorar Vieira. Ignorar Machado e Euclides. Escrita em português literário, e não em antropologuês ou sociologuês, a conferência que, de defensiva logo se tornou ofensiva, pela sua própria expressão procurou afirmar, nessa língua, reivindicação de um valor cultural total: de toda uma cultura binacional. Tão brasileira quanto portuguesa. Luso-africana. Luso-oriental. Lusotropical. Cultura a que se ligava sensual e espiritualmente uma língua capaz de competir, como língua literária, com a própria língua alemã, renovada, naqueles dias, pelo filho de uma brasileira talvez mestiça: o grande Thomas Mann. Como em parte criado por brasileira talvez mestiça fora o também grande Eça de Queirós. O Eça que veio a dizer da língua portuguesa falada pelo Brasil que era um português com açúcar.

O que nem sempre é exato de uma língua tanto no Brasil como em Portugal cheia de "ãos" nunca melífluos. Os "ãos" que no clamor da conferência de 1940 no Recife se juntam a "inhos" para dizerem, uns e outros, não, não e não a quantos imperialismos culturais – ontem o nazista-racista, voltado principalmente para o Brasil – hoje para alguns observadores, ao que lhes parece pouco inclinado a favorecer a sobrevivência da língua portuguesa como língua geral de Angolas, de Moçambiques, de Guinés, de Cabos Verdes, de São Tomés, sem que isso importe em repúdio a línguas tribais ou a dialetos afronegros. Foi um *não* – o de 1940 – partido do Recife, às tentativas de descaracterização da cultura luso-brasileira venham de onde venham: da Europa ou dos Estados Unidos. De qualquer tipo de superpotência por acaso desvairada – como é atualmente, com relação a populações orientais e africanas, a União Soviética, herdeira, no plano literário, de uma tão admirável Rússia: a dos Tolstois. Desvairada não como povo – o povo excelente que é – mas através de lideranças, nas suas ambições, totalitariamente imperialistas. O tipo de ambições contra os quais as culturas nacionais menos econômica e militarmente fortes precisam de resguardar-se.

A cultura luso-brasileira revela, cada vez mais, no Brasil – na sua língua como na sua literatura, na sua música como na sua culinária, na sua ciência e nas suas demais artes – sua tendência a valorizar tanto a morenidade como a metarracialidade. É inútil que antigos lusófilos como o professor Boxer citem exemplos de preconceitos de raça entre os portugueses colonizadores de Áfricas e não apenas de Brasil: o que importa é a predominância, entre eles, desde velhos dias, da superação desses preconceitos e do reconhecimento, segundo exemplo árabe, de filhos mestiços. Predominância que vem significando, na sua filosofia de vida, uma luso-brasileiridade que defende, que sustenta, que favorece uma crescente expressão ou afirmação de valores universalmente válidos, ao mesmo tempo que luso-brasileiramente essenciais, além de existenciais, para sua identificação. Na sua vivência e sua sobrevivência.

O que aqui se diz sem retórica convencionalmente apologética ou demasiadamente confiante. Sem se desconhecerem obstáculos intranacionais ainda a ser vencidos e perigos externos a ser contornados por essa expressão e por essa afirmação. Sem se negarem negativas a contrariarem os intranacionalmente positivos nas ascensões nacionais tanto do Brasil como de Portugal. Mas reconhecendo-se a força, já provada por tempos decisivos, desses positivos. Positivos socioculturais. Positivos já vencedores de desafios toynbeeanos à sua capacidade vital.

Entre esses positivos, a mistura de raças desde o alvorecer do Brasil, que resultaria na sociedade – repita-se – crescentemente metarracial que vem sendo a brasileira. A superação de consciências de origens ou de situações fixamente raciais pela de ser o tipo nacional de brasileiro um tipo de homem metarracial. Um além-raça. Base de uma, a esta altura, já dinâmica e criativa – embora ainda imperfeita – democracia racial pela mistura de sangues (biologia) paralela à de culturas de origens diversas (socioantropologia). O maior experimento dessa espécie que já se realizou entre os homens ou grupos humanos em qualquer época. Precedido pelo experimento luso-indiano no Oriente.

Começo de democracia racial, em vastas proporções, o brasileiro representa uma atitude particularmente luso-brasileira de aceitação de gentes de cor – mesmo quando escravos – por brancos – mesmo quando senhores. A vasta e abrangente miscigenação brasileira é – ou vem sendo nas suas predominâncias – democratizante e, num sentido socialmente ético, cristianizante. Singularidade brasileira reconhecida por grandes mestres estrangeiros: por mestre Roger Bastide, da Sorbonne; por Frank Tannenbaum, da Universidade Columbia, e hoje, pelo próprio marxista moderno, admiravelmente lúcido, Eugene Genovese.

Apipucos, Recife, 1980.
G. F.

Parte 1

Uma cultura ameaçada: a luso-brasileira

UMA CULTURA AMEAÇADA: A LUSO-BRASILEIRA (1940)

Quebro um silêncio quase de religioso da Trapa, guardado, no Brasil, há três anos e com risco de parecer às vezes insensível a gentilezas de patrícios e amigos meus – como em recente viagem pelos estados do Sul – para vir falar hoje nesta velha casa portuguesa de Pernambuco, como eu, mais da leitura que da oratória; mas hoje animada de suas melhores cores de regozijo – o regozijo possível neste ano terrível de 1940 – para a celebração de dois centenários portugueses que são também dois centenários brasileiros.

Porque se um deles é para nós, do Brasil, acontecimento pré-natal, nem por isso deixa de ser nosso, como nossa é a língua portuguesa, como nosso é o Convento de Cristo, nosso, Santo Antônio de Lisboa, nossa a "menina e moça" de Bernardim Ribeiro, nossa a Universidade de Coimbra, a Sé de Braga, a Torre de Belém, nosso o Condestável, Dom Diniz, o próprio Mondego, o próprio Tejo, o filhós ou a filhó, o arroz de leite com canela, o vinho do Porto: tudo passado comum, valor comum, fonte comum de vida, de cultura, de sentimento, tanto para brasileiros como para portugueses; tanto para portugueses da Europa como da Índia, da África, das Ilhas, de Macau.

Do outro acontecimento – a Restauração – o Brasil participou com o seu sangue de colônia já adolescente; e embora composto então, como em grande parte ainda hoje, do que os arianistas chamam com desdém bandos de "mestiços corruptos", soube e pôde salvar, não direi apenas para a metrópole distante mas para o futuro mundo de fala e de sentimento português, para o futuro mundo luso-afro-brasileiro de religião católica ou de comportamento cristão que hoje formamos, constituídos numa espécie de federação espontânea, brasileiros e portugueses da Europa, da África, da Ásia e das Ilhas, o largo trecho do Brasil por trinta anos sob a ameaça de tornar-se simples colônia de nórdicos. Nórdicos afinal vencidos sem outra palavra terem deixado na nossa língua de mestiços senão a quase inútil palavra *brote*; enquanto os portugueses marcaram o idioma holandês de palavras essenciais como *kraal* (de curral), ainda hoje corrente entre os transvaalianos de origem holandesa.

Foi dessa outra restauração – sob mais de um aspecto, sociológico e antropológico, de importância maior para Portugal e para o Brasil que a de 1640 – que o historiador inglês Robert Southey pôde dizer em palavras ainda hoje cheias de sentido político: "a peleja ambiciosa que os holandeses sustentaram por tantos anos, com tal desumanidade e tal dispêndio de dinheiro e de sangue, não produziu outro benefício senão o de provar, como aviso às demais potências, quão impossível é efetuar a conquista permanente do Brasil".

Foi durante o esforço doloroso que custou essa outra restauração – em que os brasileiros não só expulsaram os holandeses do Norte do Brasil como concorreram para a reconquista de Luanda para Portugal – que Pernambuco se salientou pelo seu poder de resistência a agressões – mesmo as movidas, como aquela, por um dos centros mais poderosos da nova Europa burguesa e capitalista –; pela constância na defesa do seu território e de suas tradições; pela capacidade de direção e ao mesmo tempo de sacrifício nos momentos difíceis, sem esquecer de dar a Portugal – como hoje dá ao Brasil – não só numerosos soldados, na sua maioria mestiços, caboclos, mulatos, quadruns e octoruns, como grandes figuras de chefes: o próprio primeiro chefe militar da Restauração cujo 3º centenário comemoramos hoje – o pernambucano Matias de Albuquerque, vencedor dos espanhóis em Montijo.

Na iniciativa de vossa excelência, senhor cônsul de Portugal, convidando para falar hoje nesta casa, pelo Brasil, não um orador especializado em discursos convencionalmente solenes mas um estudioso pouco amigo das solenidades e das convenções, enxergo uma significação particular. Primeiro: vem do representante do governo que teve a singular generosidade de nomear-me há dois anos membro da Academia Portuguesa de História: distinção que não esquecerei nunca, embora sentimentos caturramente inacadêmicos me tenham impedido de aceitá-la. Mas a significação vai além: o convite que aqui me traz vem também de portugueses que, feita uma exceção ou outra como a do negociante Antônio Dias ou a do advogado Pereira de Sousa – continuador, no Recife, da tradição ilustre de Trigo de Loureiro e de Sousa Pinto –, mal me conhecem pessoalmente – os portugueses de Pernambuco. Vem, ainda, do Instituto Arqueológico e Geográfico de Pernambuco, que, igualmente, feita uma exceção ou outra, como a do seu digno secretário perpétuo, o sr. Mário Melo, me conhece mal. Apenas sabem, como o governo português e a Academia de História de Lisboa, que venho contribuindo modesta mas conscienciosamente desde os meus primeiros estudos de adolescente para a reabilitação da figura – por tanto tempo caluniada – do colonizador português no Brasil; para a reabilitação da obra – por tanto tempo negada ou diminuída – da colonização portuguesa da América; para a reabilitação da cultura luso-brasileira, ameaçada hoje, imensamente mais do que se pensa, por agentes culturais de imperialismos etnocêntricos, interessados em nos desprestigiar como raça – que qualificam de "mestiça", "inepta", "corrupta" – e como cultura – que desdenham como rasteiramente inferior à sua. Esse esforço de reabilitação em consequência de estudo – o mais possível objetivo – e não de simples sentimentalismo ou de pura emoção: nem mesmo a emoção comum de descendente de portugueses, emoção que não poderia dominar – desculpai esta nota pessoal – a quem, brasileiro há várias gerações, reúne ao sangue lusitano e ao indígena, de antepassados remotos, o de avós, também distantes, holandeses e espanhóis.

Eu disse que os portugueses de Pernambuco mal me conhecem pessoalmente. É que hoje o intelectual brasileiro pode ser, em consequência dos seus estudos, admirador de Portugal, sem ser conhecido das colônias portuguesas no Brasil, como a maior parte dos intercambistas luso-brasileiros de outrora. As relações intelectuais entre os nossos países não estão hoje condicionadas por interesses ou vaidades de qualquer espécie, da parte de intercambistas literários – profissionais ou amadores; os quais se existem ainda, se apresentam com tal insignificância que é como se não existissem. Os portugueses de Pernambuco, se não foram buscar nenhum resto de intercambista à moda antiga para ser seu orador brasileiro nas comemorações de hoje, mas alguém que é a própria negação daquele tipo já arcaico de intelectual maneiroso e fértil de palavras inócuas, tão bom para enfeite das festas cívicas quanto das particulares, só por essa escolha definiram o caráter da solenidade que nos reúne esta tarde no Gabinete Português de Leitura; não um simples ato de liturgia social; não uma pura expansão sentimental de patriotismo nostálgico ou apologético; nem uma mera demonstração convencional de cordialidade luso-brasileira. Mas alguma coisa de mais sério, de mais sincero, de quase independente das convenções.

Se é certo que, logicamente, o vosso orador brasileiro de hoje devesse continuar retraído de qualquer tribuna que não fosse a universitária, por outro lado o tempo não é dos que impõem estrita lógica aos intelectuais. Nem estrita lógica nem aquele retraimento das coisas do mundo, dos intelectuais chamados puros, tornados uma espécie de *castrati* entre os homens, suas becas quase umas saias pretas de mulher antiga, os olhos – mais um pretexto para pincenê pedagógico do que olhos – cheios de medo de comprometer sua ciência com opiniões ou atitudes diante dos problemas do dia. O tempo é dos que não nos deixam falar bizantinamente do passado alheios a quanta ameaça possa vir a comprometer esse passado e obrigar-nos a novos esforços de independência ou de restauração; alheios a quanta força possa levantar-se de repente para esmagar o que anima nossa vida comum de portugueses e brasileiros dos seus motivos mais profundos, de seus valores mais intensos, de sua constante mais característica: a de nos prolongarmos num tipo de sociedade e de cultura que é, sob mais de um aspecto objetivo – quase suscetível de ser medido para efeito de comparação sociológica – a expressão mais alta da ética cristã aplicada à organização social das nações.

Mais ainda: o tempo é dos que repelem o intelectualismo puro, o esteticismo puro, o cientificismo puro, o historicismo puro, para impor aos que estudam problemas sociais e questões humanas não só o dever de exprimir em voz alta e clara, e não tímida e fanhosamente acadêmica, verdades das chamadas lógicas ou experimentais – por exemplo: a nenhuma base científica dos mitos de raças superiores ou raças puras, hoje proclamados com ênfase das torres de propaganda política dos partidos racistas da Europa – como até o de animar sentimentos que, sem serem rigorosamente experimentais, são entretanto realidades tremendas para a vida, a sociedade, a cultura dos povos ameaçados pela negação dos mesmos sentimentos, os quais seriam substituídos por outros menos lógicos.

O sentimento cristão de dignidade da criatura, que se confunde com o sentido da pessoa humana, anterior ao próprio cristianismo, é um daqueles sentimentos tradicionais, uma daquelas realidades básicas sem as quais não se explica a civilização moderna da Europa, da América, de várias outras partes do mundo. Civilização cujas deficiências são decerto enormes; civilização que precisa de ser reorganizada no mais profundo de sua economia e de sua vida, sem que entretanto se justifique o abandono de toda a rotina pela aventura de alguma organização inteiramente nova, brutalmente contrária a tudo que é sentimento, forma e estilo de vida tradicional.

Nenhum de nós, seja qual for o seu critério ou modo de aceitar e considerar valores tradicionais de cultura, e o que eles contêm de sentimento, de rebelde, portanto, à experimentação rigorosamente sociológica, pode, em momentos como este sinistro meado de 1940, dar-se ao luxo intelectual de desdenhar os "resíduos" de que fala, em livro célebre, o marquês Vilfredo Frederico Damaso Pareto: nem mesmo os amadores ou profissionais da sociologia experimental. Da minha parte não enxergo a lógica do cientificismo que para não interessar-se senão pelo que considera estritamente lógico ou experimental, cruza os braços diante de ameaças de destruição de tudo aquilo que sendo, dentro da sua lógica, ou mesmo dentro da lógica, apenas sentimento e não verdade rigorosamente experimental, seria entretanto substituído por mitos primitivistas, mitos simplistas, mitos improvisados, e não por verdades lógicas e experimentais.

Contra mitos de um primitivismo cru como o da superioridade dessa ou daquela raça ou ideais simplistas como da exclusividade dessa ou daquela cultura – ou, dentro de qualquer cultura, desse ou daquele elemento –, mitos e ideais sem nenhuma lógica nem base experimental, e cuja ameaça vem diretamente até nós, lusodescendentes da América, sou dos que não hesitam em opor o exemplo daquelas expressões mais objetivas de ética cristã – cristã no sentido mais vasto da palavra, sentido mais sociológico que teológico – e de espírito ao mesmo tempo científico e prático, romântico e rotineiro, de assimilação do exótico e de solução largamente humana e não estreitamente étnica ou nacional de problemas sociais, por que se orientaram quase sempre os colonizadores portugueses. Ética e espírito dentro dos quais desenvolveu-se, não sem deficiências e contradições, é certo, mas como uma constante, uma regularidade, uma tendência social dominante ou característica, a obra de descobrimento e de colonização dos lusitanos do século XV ao XIX. Principalmente a obra de colonização portuguesa do Brasil. A obra de desbravamento dos sertões da América tropical. A obra de exploração dos grandes rios e vales desta parte do mundo como o Amazonas. A obra do povoamento. A obra de miscigenação. A obra de consolidação da agricultura nos trópicos com o auxílio da mulher indígena e do escravo africano. A obra formidável de intercurso não só humano e étnico como cultural de que resultaria o Brasil moderno.

Não há maior negação histórica da doutrina que tudo atribui a caracteres étnicos fixos nas suas diferenças, inflexíveis nas suas particularidades, inconfundíveis nos seus traços psicológicos e portanto necessitados dos maiores esforços de conservação da sua pureza, do que a história do povo português; sua independência; sua reação ao domínio espanhol; sua obra de colonização. A independência do português se processou pela negação de qualquer purismo étnico – que teria conservado Portugal província hispânica – e por uma "consciência de espécie" não biológica, de semelhanças rigorosamente de raça, mas social: a consciência de necessidades, de aspirações, de interesses comuns entre elementos etnicamente heterogêneos. Como notou uma vez Angel Ganivet, não foi nenhum excesso de diferenças que separou Portugal da Espanha: foi um excesso de semelhanças. Um excesso, principalmente, de semelhanças de produção econômica e ao mesmo tempo – adiante-se a Ganivet – um conjunto especialíssimo de condições de situação geográfica e de situação social mais favoráveis que as da Espanha à exogamia, à aventura ultramarina, ao contato largo e variado com elementos estranhos, não só europeus como extraeuropeus.

Já tive ocasião de afirmar uma vez, a propósito da arte erudita e popular dos portugueses, o que agora vou repetir com sentido mais largo: que a história inteira dos portugueses – e não apenas a das artes – os revela um povo com uma capacidade única de perpetuar-se noutros povos. Mas sem que o povo português tenha feito nunca dessa perpetuação uma política biológica e anticristã de exclusividade: nem exclusividade de raça nem exclusividade de cultura.

Ao contrário: o português se tem perpetuado, dissolvendo-se sempre noutros povos a ponto de parecer ir perder-se nos sangues e nas culturas estranhas. Mas comunicando-lhes sempre tantos dos seus motivos essenciais de vida e tantas das suas maneiras mais profundas de ser que passados séculos os traços portugueses se conservam nas faces dos homens de cores diversas, na fisionomia das casas, dos móveis, dos jardins, nas formas das embarcações, nas formas dos bolos. Toda a obra de colonização lusitana – e não apenas a sua arte – está cheia dos riscos de tão esplêndida aventura de dissolução. Portugal seguiu na sua política colonizadora aquelas palavras misteriosas das Escrituras: ganhou a vida perdendo-a. Dissolvendo-se. Aventura de dissolução acompanhada do gosto da rotina. Gosto de que o português tem sido acusado como se fora uma inferioridade e que é entretanto metade da sua força; o segredo de ele prolongar-se hoje num Brasil que cada dia se torna uma afirmação mais forte das possibilidades continentais – porque a América portuguesa é um continente – da cultura de origem portuguesa, tornada aqui plural, aberta a outras culturas, conservados os valores tradicionais portugueses como o necessário lastro comum, conservada a língua portuguesa como instrumento nacional único de intercomunicação verbal entre os brasileiros de todas as regiões e de todas as procedências, não só por sentimento de tradição como por necessidade prática de articulação das mesmas regiões em nação ou, antes, em larga democracia social, conservado o cristianismo que os portugueses trouxeram a esta parte da América como a forma apolítica mas igualmente nacional ou geral – tão nacional ou geral como a língua – dos brasileiros de origens diversas se intercomunicarem se não sempre religiosamente, eticamente – e de participarem – se não religiosa, eticamente – da larga *sociedade cristã* de que fala T. S. Eliot em livro recente: aquela em que o *natural* do cristianismo é aceito, sociologicamente, por todos; o *sobrenatural* – com seus dogmas, suas doutrinas, sua teologia – pelos que têm olhos para o *sobrenatural*.

No cristianismo que Portugal transmitiu ao Brasil e que não tardou em ganhar novas cores na América, em contato com a natureza tropical, com as estrelas, com os rios, com os animais e com os índios desta parte do mundo, havia alguma coisa de essencialmente franciscano e por conseguinte lírico, que se adaptou à aventura e depois à rotina do esforço português de colonização; ao espírito *aventureiro* e ao espírito *rotineiro* que não são tanto antagonismos que se defrontam – para afinal se conciliarem – dentro da nação ou da cultura portuguesa, como antagonismos que coexistem e de algum modo se harmonizam em quase todo português: na pessoa, na vida, no esforço de cada um.

O português levou a espada feudal da Europa – símbolo do seu espírito de aventura – à Índia e a outras partes do mundo; mas trouxe do Oriente, no século XV, o chapéu de chuva – símbolo, desde então, do seu gosto de rotina e da sua vontade de trabalhar e viver em paz, embora sejam numerosos os casos portugueses e brasileiros em que o chapéu de chuva tem servido também de arma. Oliveira Lima costumava dizer-me que seu pai, o velho Lima gordo, honrado negociante do Porto, não dispensava o guarda-chuva, do qual várias vezes se valeu no Porto e no Recife contra comerciantes menos escrupulosos nos seus tratos. Ainda o português trouxe ao Brasil o tamanco – outro símbolo geralmente considerado prosaico, do seu gosto de rotina – mas levou daqui para a Europa o cachimbo dos nossos avós índios que é e tem sido pelo menos um excitante ao espírito de aventura, de sonho, de poesia, de ação romântica, em indivíduos e até em povos; às vezes um consolo para os excessos de rotina ou de ação romântica na vida de uns e outros.

Repito, ainda aqui, ideia já esboçada num dos meus primeiros ensaios: a do franciscanismo, a do naturalismo, a do lirismo cristão do português. Franciscanismo por assim dizer total, sociológico, cultural; e não apenas religioso ou ético.

A ideia do franciscanismo português tem sido apresentada, de diversos pontos de vista particulares, por outros estudiosos do passado português: pelo historiador Jaime Cortesão, por exemplo, em estudo sobre a expansão religiosa dos portugueses no ultramar; pelo pensador Leonardo Coimbra – de quem é a sugestão de que o naturalismo de São Francisco teria ensinado à ciência moderna – da qual vários portugueses foram pioneiros – "a ter confiança no Universo, obra de um Criador Benigno"; e última e notadamente – em 1936 – pelo padre Antônio Ribeiro, em ensaio sobre A *Vocação Missionária de Portugal*.

Esbocei-a em 1933 e até antes – em 1925; e não como um traço de qualquer atividade particular do português, mas de seu comportamento em geral; de sua própria arquitetura doméstica e de igreja – antes lírica do que dramática; o que se revela até no gosto pela alvura lírica da cal das paredes das casas e das capelas – estas humanizadas ou, antes, domesticadas em casas com alpendre na frente.

O português sempre viu no mar uma espécie de irmão-mar. Dentro do mais franciscano dos cristianismos e do mais cristão dos naturalismos, fez do mar o melhor aliado de sua independência da Espanha e, depois, da aventura de dissolução em que parecendo ir perder-se, imortalizou-se. A propósito do quase nenhum medo do mar entre as velhas gentes das praias de Portugal, o padre Ribeiro recorda as xácaras e cantilenas tradicionais dos homens do litoral português:

A minha alma é só de Deus,
O corpo dou eu ao mar.

E o padre-historiador comenta: "Ao convívio do Irmão-Sol, da Irmã-Lua, das Irmãs-Estrelas, trouxeram os portugueses o Irmão-Oceano, já havia muito, chamado na invocação da Irmã-Água...". Mais "três Oceanos puseram os portugueses ao serviço da comunicação, da fraternização universal".

Não só as águas dos mares, não só as estrelas do Sul, não só o sol dos trópicos seriam irmãos dos portugueses. Também os homens dos trópicos; os povos para além das águas dos mares; as gentes pardas e pretas das terras do Sul. O cristianismo nunca animou nos portugueses aquele sentido como que profilático de defesa não só da alma como do corpo, tão forte nos puritanos colonizadores da Nova Inglaterra: aos quais o mar nunca se apresentou como um irmão. Nem o mar nem os índios, nem as plantas nem os animais da América. Vendo inimigo no mar, inimigos nos índios, inimigos nas plantas e nos animais americanos, o cristão puritano, desde que deixou a Europa em direção à América, fechou a cara, o corpo, a alma, a tudo que fosse elemento estranho, exótico, diferente, e que pudesse comprometer sua integridade europeia ou sua ortodoxia cristã; que pudesse dissolvê-lo; que pudesse aproximá-lo da natureza ou de homens em estado pagão.

O cristão português no Brasil, ao contrário, não tardou em fazer da mandioca dos índios o seu segundo pão – às vezes o único; da mulher índia ou africana – sua mulher, às vezes sua esposa; da mãe-d'água um alongamento de sua moura encantada, às vezes uma deformação de sua Nossa Senhora dos Navegantes; do suco do caju, seu dentifrício; do tatu, seu segundo porco; da tartaruga, matéria para uma série de experiências gastronômicas dentro das tradições da cozinha portuguesa; da folha de carobuçu queimada e reduzida a pó como de carvão, remédio para secar as boubas – mal de que o português do século XVI parece ter sofrido tanto ou quase tanto quanto o indígena; do leite de coco, um substituto do leite de vaca; do vinho de caju, um substituto do vinho do Porto – embora substituto ainda hoje muito distante do original. Aventura de dissolução e rotina de conservação. Confraternização com o exótico e ao mesmo tempo perpetuação do tradicional. Franciscanismo. Naturalismo. Lirismo. Universalismo combinado com regionalismo – combinação que se apresenta, cada vez mais, como a solução dos problemas de ajustamento dos homens entre si e de todos os recursos regionais da natureza: recursos vegetais, animais, minerais.

A mandioca e o milho, o caju e o jenipapo, o maracujá e o araçá, foram adaptados pelos portugueses, no Brasil, a velhas receitas portuguesas, orientais e africanas de preparar pão, cuscus, bolo, licor e vinho; o caju, feito doce à maneira dos antigos doces reinóis de figo; a mulher índia ou negra arrancada aos poucos do trabalho mais duro no campo para o serviço principalmente doméstico conforme os estilos tradicionais da Europa cristã: os filhos mestiços – mulatos ou caboclos – em colégios de padres, junto com os brancos, com os filhos de casais europeus, com os órfãos vindos de Lisboa.

Quando um grupo menos franciscano de padres pretende praticar, no Brasil do século XVII, a discriminação contra meninos pardos, e assim inaugurar em escolas luso-brasileiras, em colégios católicos da Colônia, uma política racista que nos teria levado a conflitos sociais profundos, é a própria voz d'el-rei de Portugal que se levanta contra os padres da Companhia e na defesa daquele cristianismo fraternal já então inseparável da obra de expansão portuguesa no mundo pela contemporização do europeu com o valor exótico – homens e culturas – e nunca pela exterminação dos homens e valores de cultura extraeuropeus ou pelo seu puro aproveitamento econômico; nem sequer pela negação dos seus direitos e das suas oportunidades de ascensão social e cultural até à igualdade completa aos europeus. Exterminação ou negação em nome de uma superioridade mítica de sangue, de raça ou de classe social. Ou por um ideal esterilizante de exclusividade de cultura.

Desde o primeiro impulso português no sentido dos descobrimentos de novas terras e de novos mares, ou, mais ainda, desde o primeiro impulso portucalense no sentido da separação de Portugal da Espanha, impulso em que, ao mesmo tempo, se afirmou a primeira aliança de Portugal com o mar, com o ultramar, com o ultraeuropeu; desde esses começos remotos da ação portuguesa no mundo, que essa ação se caracteriza pela disposição aventuresca do homem luso para confraternizar franciscanamente com o novo e o exótico na natureza e nas culturas tropicais, sem que o confraternizador abandone seu gosto pelas coisas familiares, cotidianas, prosaicas, úteis, tradicionalmente agradáveis aos seus sentimentos, ao seu paladar, aos seus olhos, aos seus ouvidos.

Antropologistas modernos da autoridade de Métraux e de Lowie apontam hoje o velho Gabriel Soares de Sousa – o senhor de engenho da Bahia a quem devemos a melhor crônica sobre a vida brasileira do seu tempo: a do século XVI – como um naturalista que na descrição dos aspectos mais íntimos dos costumes dos indígenas do Brasil conserva-se superior a quanto Koch-Grünberg, a quanto Fritz Krause e a quanto Karl von den Steinen têm escrito, recentemente, sobre os mesmos ameríndios, com minuciosa erudição e rigor absoluto de terminologia. Pois é para qualquer coisa de franciscano na atitude desse naturalista em face não só dos povos como dos frutos, das árvores, das plantas e dos animais dos trópicos que desejo chamar vossa atenção. O franciscanismo de atitude de Gabriel Soares de Sousa humaniza-o diante das coisas e dos animais estranhos e das pessoas de cor e de traços diferentes dos seus. É uma atitude essencialmente portuguesa – e essencialmente franciscana – como se de franciscanismo estivesse impregnado o português mais do que outro povo qualquer: uma atitude característica da ciência, da arte, da religião, do folclore e da política do português diante do exótico.

O português é, e sempre foi, o homem da horta emendada com o jardim; da igreja pegada à casa; da botica ou da cozinha vizinha do laboratório. O povo do útil reunido ao agradável; do sobrenatural reunido ao cotidiano; da ciência a serviço da vida. Daí ser tão tipicamente português o velho senhor de engenho do século XVI. Nas suas descrições de animais e de plantas reponta a cada passo o homem atento ao rendimento humano e ao valor social das plantas e dos animais exóticos; e também o amigo da boa mesa e do bom vinho. Ele não descreve o tatu, por exemplo, sem esquecer de acrescentar à descrição – superior em exatidão à de qualquer zoologista acadêmico, seco e encortiçado diante dos bichos – que a sua carne "he muito gorda e saborosa, assim cozida como assada". E adverte, a propósito do tucano, depois de um retrato que é outro primor de descrição científica: "cuja carne é muito dura e magra". Sempre a dualidade: a aventura da curiosidade científica humanizada pelo gosto da rotina, pela preocupação do cotidiano, pela ideia do útil. Depois de nos apresentar o animal ou a planta desconhecida, Gabriel Soares de Sousa – nisso caracteristicamente português – nos familiariza com o mesmo animal ou a mesma planta, reduzindo-os a possibilidades culinárias ou terapêuticas; domesticando-os no sentido extremo da palavra.

Não se imagine, entretanto, o português, em tempo nenhum, um povo esquivo à aventura intelectual ou à experimentação científica e conformado ou satisfeito só com a rotina, a tradição, a praxe, a prática das coisas: com o utilitarismo na sua expressão mais rasteira. Nas suas iniciativas de tempo de paz como nas suas empresas de guerra – mais de uma vez necessárias ao lusitano para conservar sua independência ou restaurá-la – e, principalmente, na obra imensa dos descobrimentos e da colonização, o espírito prático do português, seu espírito de tradição, de conservação, de rotina, sempre se fez acompanhar, e às vezes anteceder, do espírito de aventura intelectual e de experimentação científica: esse arrojo para o desconhecido que certos amadores de antropologia pretendem seja exclusivo dos nórdicos. Alguns, para acomodar à teoria a violenta contradição portuguesa, vão ao extremo de atribuir quanto tem sido ação vitoriosa, iniciativa triunfante, arrojo bem-sucedido da parte dos portugueses, ao elemento puramente nórdico da sua população: teriam sido os seus homens ruivos os fundadores únicos do Reino e os heróis exclusivos da Independência; teriam sido eles os navegantes, os descobridores, os pioneiros da colonização do Brasil e das conquistas do Oriente; teriam sido eles os heróis da Restauração, das lutas contra os mouros e contra a Espanha.

Nada mais falso. Em primeiro lugar, no desenvolvimento português, os triunfos sempre têm sido alcançados pela combinação daquelas duas constantes do caráter lusitano: o espírito de aventura e o gosto da rotina. O espírito de iniciação e o gosto de conservação. O espírito científico e o espírito prático. E como recordarei mais adiante: por louros e morenos. Às vezes por homens de barba loura e cabelos pretos. Por homens com mistura de sangues nórdicos, mouros, judeus e até negros. Vieira e, segundo alguns, Anchieta e Pombal – três grandes expressões do Portugal imperial – tinham sangue negro. Mestiços, três das maiores figuras do imperialismo português. É que não só a cultura – de modo geral – como o próprio imperialismo – de modo particular – do português foi um imperialismo como que antropocêntrico; e não etnocêntrico como o antigo imperialismo inglês, como até ontem o imperialismo norte-americano, como hoje o imperialismo alemão, o italiano, o japonês.

Em época nenhuma, decisiva para a cultura portuguesa, viu-se a nação empolgada por algum aventureiro ou por grupo ou elite de rotineiros, que desprezassem o cientista, o experimentador, o intelectual, o sonhador, o profeta, o poeta. Da figura do Infante Dom Henrique bem sabeis que é impossível separar a Escola de Sagres. Dos desbravadores de mares é impossível separar os cosmógrafos, os geógrafos, os Pedros Nunes. A obra do descobrimento do Brasil já está provado quase por A + B, por um matemático ilustre que é também um historiador escrupuloso, o mestre Duarte Leite, que não foi nenhuma aventura a esmo, mas o resultado da união de espírito de iniciativa com a ciência náutica e geográfica de doutores pachorrentos. A obra de colonização e por conseguinte de organização e de conservação do Brasil, com toda a sua rotina de economia e de vida, ao lado de verdadeiros arrojos de aventura física e de experimentação social, sabe-se que foi desde o início orientada por letrados – hoje nós os chamaríamos sociólogos ou intelectuais – do porte do dr. Diogo de Gouveia. Garcia da Orta, frei Cristóvão de Lisboa, Duarte Pacheco, frei Mariano Velloso, Cristóvão da Costa, o judeu português Amado Lusitano, o padre Pedro Julião, depois papa sob o nome de João XXI, Luís de Camões, são figuras de sábios, de intelectuais, de letrados, de doutores, de mestres e bacharéis em artes, de físicos, de cirurgiões, de padres-médicos, tão responsáveis pelo bom sucesso da obra portuguesa de desbravamento de mares, de descobrimento de terras e de organização de colônias; pela obra lusitana de alargamento antes suave que violento da civilização cristã na América, no Oriente, na África, e de extensão – antes pela assimilação que pela destruição bruta do exótico – da civilização europeia nos trópicos, quanto as figuras de navegantes, de capitães, de guerreiros: os Fernão de Magalhães, os Vasco da Gama, os Bartolomeu Dias, os Pedro Álvares Cabral, os Afonso de Albuquerque; quanto as figuras dos missionários, alguns deles mártires às mãos dos selvagens ou às mãos dos europeus protestantes, outros quase mártires, consumidos antes do tempo pelo muito trabalho, pelas muitas vigílias, pelas muitas viagens; pelo excesso de aventura e de rotina da vida missionária.

A obra portuguesa de descobrimento e de colonização se fez com todos esses elementos – os de inteligência e os de ação, os de aventura e os de rotina, os de ciência e os de arte, os capazes de viver até aos setenta e aos oitenta anos vida patriarcal, criadora, procriadora, fecunda, como os João Ramalho e os Jerônimo de Albuquerque, e os prontos a morrer aos vinte, donzelos e quase uns meninos, em guerra contra os mouros como os Dom Sebastião, ou aos trinta e aos quarenta de tísica, de cansaço, de malária, de excesso de trabalho, entre indígenas e colonos do Brasil, da África, do Oriente, como tantos padres da Companhia, tantos frades de São Francisco.

De todos – e não apenas dos mártires da religião – poderia ter dito Camões:

> Vós que à custa de vossas próprias mortes
> A Lei da vida eterna dilatais.

Não só a lei da vida eterna compreendida no seu restrito sentido teológico, mas no seu amplo sentido biológico e sociológico. Porque para isso é que principalmente combinou-se sempre no português o espírito de aventura com o de rotina, o gosto de viver com a coragem de morrer, o espírito de ciência experimentadora com o apego às práticas antigas, o sebastianismo com o trabalho pé de boi, o entusiasmo pelas terras novas e pelos espaços continentais com a conservação das tradições regionais mais miúdas, o ativismo com o saudosismo, o afã do fidalgo com a pertinácia do homem do povo, a constância da mulher dona de casa e mãe de família com a do homem lavrador. Tudo para semear vida. Para dilatar a vida; para intensificar a vida; para multiplicar a vida. Multiplicá-la em filhos: meninos e depois homens de todas as cores. Em valores de cultura tão mestiços quanto os homens. Em valores da natureza: pela transplantação de árvores e animais de ilhas para continentes, de um continente para outro. E tudo sem preocupação nenhuma, anticristã ou anti-humana, de exclusividade biológica, de raça; ou sociológica, de cultura; ou econômica, de fechar a natureza vegetal e animal dentro de ilhas ou de áreas. Mas sempre – ou quase sempre – o universalismo combinado com o regionalismo.

Heterogêneo quanto à raça, desde os seus começos – peço licença para voltar a este ponto – os portugueses se apresentam aos nossos olhos, em todas as suas afirmações de equilíbrio de energias antagônicas, de unidade moral, de ação conjunta – a da Independência, a dos descobrimentos, a da Restauração, a da colonização da América e da África – como um povo formado, desenvolvido e hoje prolongado no Brasil, cuja existência tivesse um fim ou propósito didático: o de desvalorizar quanta tese racista se levanta contra os povos heterogêneos. Nunca o ideal de pureza de raça animou ou limitou os esforços portugueses. Nunca nenhum desses esforços foi a expressão ou a vitória de uma mística de raça. Os tais portugueses nórdicos que alguns maníacos do arianismo pretendem ter sido os verdadeiros iniciadores da colonização do Brasil, os marinheiros dos descobrimentos, os soldados das Índias, as melhores evidências são no sentido de que foram não louros puros, mas, na sua maioria, ou pelo menos em grande número, do tipo antropológico muito do litoral português do Norte, de homens de barba loura e cabelo preto e o inverso. Mestiços. Misturas de sangue nórdico e de sangue fenício. Misturas – estas – mais antigas que as do Sul, com sangue mouro, com sangues africanos do Norte da África: aqueles africanos cuja influência sobre a Península Hispânica resultou nas duas fortes e criadoras mestiçagens de cultura (e às vezes também de raça): a moçárabe e a mudejar.

Bem sabemos que os indígenas do Brasil não tardaram em distinguir os portugueses dos franceses, chamando os primeiros homens de barba preta. Sinal de que a barba preta predominava nos colonos do século XVI. Não há prova de ter sido o elemento nórdico exclusivo na colonização do Brasil em século nenhum nem há evidência de que fosse sozinho, puro, intransigente, na elite colonizadora. Na colonização do Brasil não dominou, segundo as melhores evidências, nenhum tipo físico ou antropológico de português que excluísse outros tipos da massa ou da elite. Sempre a variedade de sangues, a pluralidade de aptidões, a dualidade capital de tendências – a da aventura e a da rotina – a se unirem na América portuguesa como num imenso campo de experimentação biológica e social: a entrarem em novas combinações de sangue – com os índios e com os negros; a se enriquecerem de novos valores de cultura – indígenas e africanos. Isto antes do Brasil independente; isto depois do Brasil independente.

Ainda há pouco um jornalista francês, Louis Mouralis, fixando suas impressões do Brasil, destacava dos portugueses estabelecidos entre nós que seu comércio, sem ser luxuoso, se faz notar pelo seu feitio sério. Viu portugueses donos de vendas. Portugueses donos de armazéns de secos e molhados. Portugueses comerciantes por grosso e a retalho. Portugueses dedicados à cultura de hortaliças. E sempre aquele feitio sério. Mais rotina do que aventura – pode-se acrescentar. Mais o rame-rame comercial, a horticultura, a pequena lavoura, a vaca de leite, que a grande aventura industrial – embora esta não falte. Uma vez por outra ainda morre em alguma aldeia velha de Portugal, ou mesmo entre nós, algum português, irmão do Santíssimo Sacramento enriquecido no Brasil, casado com brasileira nem sempre ariana, pai de filhos numerosos e cada qual mais brasileiro, e deixando generosamente centenas de contos de réis para algum hospital, alguma santa-casa, algum asilo da cidade aonde chegou menino, começou a vida caixeiro de venda, onde casou, onde teve filhos, onde triunfou – quase sempre mais pela constância que pela audácia; mas em geral pela combinação das duas virtudes.

Sempre a aventura e a rotina a condicionarem a vida, o esforço, a morte, a fortuna, a herança do português. Do português-indivíduo, do português-povo, do português-cultura, plano, este último, em que somos um conjunto de valores e de sentimentos, brasileiros, portugueses e lusodescendentes das Ilhas, da África, da Ásia.

É por isso – seja dito de passagem – que estamos hoje aqui como em nossa casa – os brasileiros – comemorando nos centenários lusitanos acontecimentos sentimental e culturalmente tão nossos como dos portugueses.

•

Os sentimentos que hoje nos reúnem – portugueses e brasileiros de Pernambuco – em volta das comemorações dos dois centenários, o da fundação de Portugal e o da sua restauração em 1640, são sentimentos que devem prolongar-se em preocupações atuais, vivas, não direi pela integridade política e territorial dos nossos países – pois esta não é a hora nem este o lugar de versar assunto tão delicado e, afinal, secundário – mas pela integridade da nossa cultura comum: a cultura luso-brasileira. Todo momento é agora oportuno para tais preocupações: agora que essa cultura, valor comum, é objeto de campanhas de desprestígio, de tentativas de ridículo, de esforços sistemáticos no sentido de sua desintegração ou, pelo menos, desmoralização, em trechos do Brasil e da África, que começam, como outrora a Espanha a Frederico de Onis, a nos doer: a nós que somos o todo cultural luso-brasileiro.

No momento que atravessamos, a independência dos povos menores não corre apenas o perigo – sempre transitório, nunca por si só definitivo – de ser esmagada a máquinas de guerra. Máquinas – as de maior sucesso nos nossos dias – em cuja produção se requintou a técnica do europeu, voltado deliberadamente para o primitivismo pagão depois de sentir-se comprimido, como se fora a gente de um novo e colossal Canudos – semelhante ao nosso na própria arregimentação de sua brava mocidade para o sacrifício – por injustiças políticas, umas imaginárias, outras reais; e pela negação nem sempre imaginária, às vezes real, de oportunidades ao seu desenvolvimento econômico dentro de melhor ajustamento de relações entre os homens – e não simplesmente entre os Estados; dentro de melhor ajustamento de todos os homens – e não somente de alguns, nem apenas de uma classe ou de uma, duas ou três nações dominadas por classe ou grupo exclusivista – aos recursos da natureza, a valores que parecem se impor como comuns. Injustiças e negação da parte daquela Europa cujas deficiências de organização – algumas na verdade enormes, mas ainda assim preferíveis aos substitutos mais prováveis, no caso de um triunfo maciçamente neopagão, etnocêntrico, exclusivista ao seu jeito; cujas deficiências de organização – organização econômica, social e política – o europeu neopagão não hesita, em sua revolta um tanto histérica, em identificar com o cristianismo e com a complexidade atual da civilização que os europeus mais cultos desenvolveram da herança greco-romana, hispano-árabe e sefárdica; e não apenas da cristã.

Este o drama a que não podemos ser estranhos, portugueses e lusodescendentes, americanos de todas as origens, homens de vários sangues, cristãos de todos os credos e mesmo os sem credo oficial nenhum que Eliot admite à sua *sociedade cristã* – diversa da Igreja e, é claro, das igrejas, pelo seu sentido mais largo que o imposto pelos dogmas, pelas doutrinas, pela teologia. Cristãos como que histórico-culturais: por conseguinte de uma vitalidade sentimental e intelectual superior à dos católicos puramente históricos – católicos, se bem os interpreto, só por nostalgia, por contemplação estética e por admiração intelectual do passado da Igreja; os católicos imaginados pelo ilustre historiador Oliveira Lima, que se considerava deles pelo fato de ver a história brasileira iluminada pela ação da Igreja.

Nem nesse plano nem em nenhum outro, a nostalgia, a contemplação e a admiração do passado basta para salvar povo nenhum nem nenhuma instituição ou sociedade ameaçada de forças concentradas na desintegração das suas culturas – as forças realmente perigosas para o mundo decidido a não voltar ao primitivismo pagão ou a entregar-se ao simplismo determinista – seja este o econômico ou o biológico, de raça – como solução dos seus problemas, na verdade pungentíssimos, de reorganização de vida econômica, de vida social e política e de vida de inteligência.

A vitória das máquinas de guerra nunca é definitiva contra a independência nacional ou regional dos povos; nem contra as instituições transnacionais que são outras tantas expressões de cultura. A Irlanda – por mais oprimida – nunca deixou de ser a Irlanda. Nem a Hungria, a Hungria. Nem a Polônia realmente polonesa, a Polônia. Nem a Baviera, a Baviera. Nem a Igreja Católica, a Igreja Católica. Nem o cristianismo, o cristianismo.

Portugal, desde a sua fundação, nunca deixou de ser Portugal. Nem as máquinas de guerra da Espanha filípica, nem as da França napoleônica, quebraram-lhe os ossos de nação, ou antes – o que é mais importante – de povo, de cultura, de valor humano e ao mesmo tempo cultural; de valor universal e ao mesmo tempo regional. As armas dos Filipes – que foram as mais fortes – apenas esmagaram-lhe a carne de Estado político, ferindo-o, rasgando-o, tirando-lhe sangue. Não o fizeram desaparecer. Não o sepultaram no chamado cemitério das nações.

É que o grande drama de vida e de morte para os povos não é o que decide pelas armas a sorte dos Estados; nem a de regimes políticos. O grande drama é o que decide a sorte das culturas. É a guerra entre culturas. A melhor energia que a contemplação, e mais que isso, o estudo do passado lusitano, cheio de afirmações vigorosas de vitalidade cultural e não apenas política e guerreira, pode concorrer para animar em nós, lusodescendentes, é a energia que nos dê consciência da nossa cultura; gosto e inteligência dos seus valores; sentido de suas constantes; noção dos seus característicos; perspectiva de suas possibilidades.

Dentro de suas culturas – quando as possuem vigorosas de tradições como nós portugueses e brasileiros as possuímos – é que os povos verdadeiramente se defendem daqueles imperialismos animados do ideal de reduzir os homens por eles considerados física e culturalmente inferiores – por serem diferentes na cor, na forma do nariz, nos valores de cultura – a seus vassalos, a seus lacaios, a seus servos.

Daí o fato de, conscientemente ou não, já estarmos há muito tempo em guerra, os brasileiros, contra imperialismos dessa ordem – não um só, mas vários; e na defesa de valores de cultura essenciais à nossa vida. Valores muitos deles comuns aos outros lusodescendentes e aos portugueses da Europa, e característicos do mundo luso-afro-brasileiro que nos dá uma só cor no mapa das culturas modernas; valores, muitos deles, comuns à *sociedade cristã* da concepção de Eliot, de que o Brasil é talvez a expressão mais considerável nos trópicos; valores, alguns deles, comuns ao continente, ao todo americano, a essa outra vasta federação cultural e até certo ponto política de nações novas da América a que pertencemos sem nos julgarmos com o dever de docemente nos submeter à uniformidade continental de regime político desejada por certos americanistas; ou a qualquer espécie de tutela dentro do continente.

Guerra essencial e silenciosa de defesa, a nossa; mas guerra que pede hoje esforços de mobilização como as outras, mais cenográficas, mais ruidosas, mais teatrais, porém não de igual importância. A mobilização dos recursos de cultura de um povo – cultura moral, cultura material, por conseguinte agricultura, indústrias pesadas, todas as indústrias –, quando esses recursos existem, ainda que alguns só em potencial, outros dispersos, desconexos e um tanto soltos – mas principalmente os de cultura chamada imaterial, tanto erudita como folclórica –, é garantia muito maior de independência e – no caso de perder-se essa independência, como os portugueses e os luso-brasileiros a perderam para a Espanha filípica no século XVI e, em parte, para a Holanda mercantilista e protestante no século XVII, e os portugueses para a Inglaterra capitalista nos séculos XVIII e XIX e para a França napoleônica nos começos do mesmo século XIX – de restauração do que a simples mobilização militar. Desta seria ridículo diminuir a importância, nos momentos extremos de defesa do território e da autonomia política das nações. Mas a verdade é que aquela é realmente a fundamental e deve começar às primeiras ameaças de desintegração da cultura nacional, regional ou institucional, visada por potência ou instituição imperialista. Instituição imperialista, porque são notórios os casos de repúblicas da América Meridional e notadamente da Central que têm sofrido o domínio, e não apenas a exploração econômica, de instituições plutocráticas do próprio continente americano.

A excursão que fiz há pouco aos estados do Sul do Brasil proporcionou-me a oportunidade de ver nitidamente confirmados perigos para a integridade luso-brasileira de cultura de que não podemos nos desinteressar: perigos já meus conhecidos através da leitura de livros e de artigos de revista em que se vêm exprimindo, nos últimos anos, imperialismos de raça e de cultura voltados com empenho particular e insistência significativa para campanhas de desprestígio das tradições luso-brasileiras do Brasil. A esta altura, sejam-me permitidas, ainda uma vez – contra o conselho de Pascal – algumas referências à minha própria pessoa. É que numa dessas revistas – antigas publicações de estética, de filosofia ou de ciência reduzidas, hoje, estou certo de que nem sempre espontaneamente, a veículos tristonhos de propaganda de seita política – já fui citado pelo nome como "vítima de propagandas tendenciosas" em face da atitude crítica que não me arrependo de ter sido dos primeiros a assumir com relação a exclusivismos ou imperialismos de raça e de cultura. E ao regressar, em setembro último, dos Estados Unidos, encontrei quase desfeita em torno de mim a fama de comunista que há três anos me acompanhara, graças ao carinho de bons cristãos desta freguesia, até Portugal, infelizmente, para eles, sem sucesso nenhum, tanto que quem me recebeu em Lisboa, no Congresso de História da Colonização Portuguesa que ali se reuniu em 1937, em discurso amabilíssimo, foi o erudito S. J., padre Serafim Leite. Mas em lugar da fama quase desfeita, recebeu-me, esboçada, outra – no Rio, em Santa Catarina e no Rio Grande do Sul: a de agente do imperialismo norte-americano; a de brasileiro ao serviço do *Intelligence Service* de Sua Majestade Britânica. E até esta, inventada por pessoa tão ingênua – ou, então, extremamente velhaca – que ignora, ou finge ignorar, aonde vai o senso de economia do professor Oliveira Salazar: a de propagandista de Portugal muito bem pago pela verba secreta do governo português. Só falta outro ingênuo – falso ou verdadeiro – sugerir que o bem que digo do cristianismo é propaganda também paga, pelos jesuítas ou pelos franciscanos.

Tudo isso é muito interessante, muito pitoresco e até mesmo romântico; recomenda muito o progresso nos nossos dias da psicologia aplicada; mas não me afasta do dever, em que me considero, como estudioso do passado luso-brasileiro, estudioso que, desembaraçado de premeditação política ou de preocupação apologética, foi encontrar nos valores de cultura trazidos pelos portugueses ao Brasil, na miscigenação praticada por eles aqui e em todas as suas colônias, no intercurso de sua cultura com a moura, a indiana, a chinesa, a japonesa, as ameríndias e as africanas, no seu esforço de colonização desta parte do mundo, com o auxílio do indígena e do africano, na fundação da primeira civilização moderna nos trópicos, no estabelecimento, na América, da sociedade que promete desenvolver-se na maior democracia social dos nossos dias – em todo esse conjunto de realizações portuguesas, condições de vitalidade cultural que podem servir de base objetiva e lógica – e não apenas sentimental – a uma política: a política de que ao Brasil inteiro, do Amazonas ao Rio Grande do Sul, do litoral ao Mato Grosso, bastam as tradições portuguesas e os valores portugueses de cultura, como tradições e valores fundamentais e gerais – embora de modo nenhum exclusivos – necessários ao seu amplo desenvolvimento não só em nação, como em democracia social – social, notai bem, e não política; em grande expressão moderna de civilização cristã nestes muito caluniados trópicos: tão caluniados que chegou-se a inventar para eles uma geografia moral que desculparia com o clima todos os excessos que os europeus praticassem nas vizinhanças do Equador, inclusive os de exploração do trabalhador nativo, do homem de cor, das "raças inferiores".

Não acrediteis que romantizo quando digo que é tempo de mobilizarmos os recursos dessa cultura tradicional, vital, humana, socialmente democrática – ou personalistamente democrática, como querem alguns que eu diga – até hoje tão forte em nos assegurar a unidade no continente, a coesão, o desenvolvimento relativamente harmonioso no sentido da democracia social da nossa vida contra propagandas já em plena ação no sentido de desprestigiar valores essenciais à vida brasileira e à continuação da nossa existência como América portuguesa, livremente americana e integralmente portuguesa nos seus fundamentos, nas suas tradições gerais, na sua língua geral ou nacional. Não acrediteis que seja preciso o olhar da contraespionagem para surpreender e fixar o que se está passando de grave no Brasil: uma vasta obra sistematizada no sentido da desmoralização e do enfraquecimento das tradições portuguesas de cultura que condicionam nossa independência entre as nações modernas e nossa extensão, nossa situação, nossa coesão no continente americano.

Essa obra está se fazendo hoje sob dissimulações tais que nem sempre é possível dizer se sob os óculos de pastores evangélicos, diretores de asilos para velhos ou órfãos, nos estados do Sul, sob as barbas de comerciantes de nomes israelitas e até sob a tonsura de frades, padres ou mestres de escolas católicas, espalhados por vários pontos do país, estão de fato europeus de outras origens que não a portuguesa que simplesmente trazem ao Brasil – singularmente hospitaleiro para eles – com os benefícios da atividade missionária, educativa, comercial ou industrial, os valores de suas diversas culturas. Valores, muitos deles, já incorporados à cultura brasileira, quase por natureza plural, como quase por uma espécie de instinto o povo é aqui rebelde a exclusividades de raça e pouco inclinado à xenofobia.

Ninguém ousará negar o enriquecimento que tem resultado para a vida e para a cultura do Brasil da atividade dos grupos de europeus não portugueses estabelecidos em vários pontos do território brasileiro, de preferência nos estados do Sul. O perigo não está nem nunca esteve neles: o perigo sempre esteve e está intensamente neste momento em agentes de organizações políticas que os exploram, disfarçados em pastores evangélicos, em mestres disso ou daquilo, até em padres, frades e professores católicos. Porque nunca foi tão importante a advertência da sabedoria popular de que o hábito não faz o monge. Não exagero nem faço retórica: cada uma das palavras que acabo de pronunciar se baseia no conhecimento, na observação e na verificação de fatos e documentos.

Ainda mais: já se realizam congressos culturais e políticos direta ou indiretamente antiluso-brasileiros em que se discutem assuntos como "as minorias fazem a história"... Já se apresentam trabalhos, nesses congressos, em que os intelectuais da obra tendente à desintegração da cultura luso-brasileira se dão como apenas "integrantes do Estado brasileiro" mas membros de outro povo ou, como julgam eles, de outra raça e de outra cultura. Raça ou cultura pura e superior e à parte da mestiçagem luso-brasileira; das tradições democráticas e – no sentido lato, nunca no sectário – cristãs, franciscanamente cristãs, da cultura luso-brasileira; das tendências plurais, universalistas e ao mesmo tempo regionalistas da mesma cultura.

Já se põe a questão de rebeldia do adventício à participação nos processos sociais e nos valores de cultura que constituem a sociedade brasileira, a organização brasileira, o Brasil – que não pode contentar-se em ser simples Estado – nestes termos ostensivos: que o povo ou a cultura que se julga com o direito de aqui florescer à parte da nossa cultura e sendo preciso, é claro, contra ela – é – vou citar palavras de documento típico e infelizmente quase ignorado no Brasil – "um conceito de homens independentes da cidadania, e que se deriva do sangue, da espécie, da cultura e da língua". Outra citação literal do mesmo manifesto antiluso-brasileiro: "o que porém não existe é um povo brasileiro. Nisso todos nós estamos de acordo. O que há é um Estado brasileiro, no qual vivem diversos povos, a saber, para apenas citar alguns, lusitanos, alemães, italianos, japoneses, índios, negros etc.". E mais:

> Como no Brasil, a etnia lusitana é a portadora da cultura oficial, da língua oficial e do poder político, entende-se hoje no Brasil por nacionalismo o reconhecimento da chefia lusa (...) Nós não reconhecemos a etnia lusa como representante exclusiva do nacionalismo brasileiro. Do mesmo modo não admitimos que essa concepção política seja designada por nacionalismo. Para nós, tudo isso são esforços dos lusos para manter e consolidar o seu predomínio no Brasil, estabelecendo a seguinte exigência: somente é

nacionalista aquele que negar a sua etnia inata e se confessar adepto do lusitanismo. Todas essas correntes – concluo aqui a citação – sejam elas denominadas integralismo, nacionalismo ou nativismo, nós chamamos melhor e mais propriamente lusitanismo.

Das palavras citadas reponta o ânimo de combate à tradição luso-brasileira, à língua portuguesa, à cultura de origem principalmente portuguesa, consideradas por nós – brasileiros do Sul, do Norte, do Centro, descendentes exclusivamente ou não de portugueses, muitos de origens nórdicas – a tradição, a língua e a cultura gerais do Brasil; o lastro e a estrutura da organização nacional brasileira, ou antes, do nosso tipo de democracia social em que as diferenças regionais se conciliam, através do lusismo comum, com o universalismo essencial, cristão, franciscano, sempre tão dos portugueses e hoje tão dos brasileiros; a língua portuguesa, o instrumento de intercomunicação entre os elementos de procedências diversas de raça e de cultura que constituem o Brasil.

Elementos que a conservarem, todos eles – ou cada um deles –, sua língua, sua cultura, sua raça, pura e à parte, com exclusão da cultura e da língua tradicionais, como língua e cultura gerais e fundamentais, tornariam o país um simples espaço geométrico aberto a todas as intransigências de grupos étnicos e culturais: um aglomerado de exclusivismos hostis uns aos outros. E não a democracia social, cristã, sociologicamente cristã, que nós desejamos desenvolver aqui, sem preconceitos de raça ou de cor; de classe ou de credo religioso.

Alega-se contra a tradição, a cultura e a língua portuguesa uma inferioridade que está longe de estar demonstrada: a não ser para incautos leitores estrangeiros de manifestos como o que acabo de citar ou como o ainda mais recente, de um geógrafo residente no Paraná, sustentando a mesma tese antiluso-brasileira. Um daqueles estrangeiros incautos e pouco versados em coisas hispânicas, depois de ler o artigo do ilustre geógrafo-político, residente em Curitiba – artigo publicado em inglês –, perguntava-me muito sério, o ano passado, em Nova York, se havia literatura na língua portuguesa: alguma tradição épica ou lírica; algum grande poeta; estilistas; romancistas; ensaístas literários. Quase o personagem de Eça em sentido contrário: ignorando Portugal e o Brasil como expressões de cultura erudita, inclusive a literária.

A propaganda contra a língua portuguesa como a língua nacional e oficial do Brasil inteiro, contra as tradições luso-brasileiras como tradições ricas de elementos eruditos e não apenas folclóricos, contra a cultura luso-brasileira (que é o fundamento da nossa cultura e a maior garantia de nossa independência não apenas política, de Estado, mas social, de povo democraticamente mestiço), convencera aquele leitor de artigos de propagandistas políticos disfarçados uns em geógrafos, outros em estetas, alguns em sociólogos, de que a língua de Portugal e do Brasil, pela sua pouca ou nenhuma significação literária, dificilmente poderia ser imposta a colonos de línguas ricas de conteúdo estético e intelectual, e não apenas folclórico. Outros incautos, leitores desses hoje tão frequentes artigos de propaganda antiluso-brasileira, devem ter ficado sob a mesma impressão de miséria intelectual e estética da língua portuguesa, que não estaria, assim, em condições de ser aceita ou adotada por europeus de procedências mais ilustres – segundo supõem – que a lusitana.

Contra essas propagandas, há hoje quem por amor à sua dignidade intelectual se recuse a levantar a voz para não parecer contrapropagandista. Já se publicam folhetos de aspecto severo e que dão a impressão da própria palavra definitiva da ciência, com este fim: o de mostrar que diante de guerras, conflitos, choques entre grupos de nações ou tipos de cultura, a atitude do intelectual e do homem culto deve ser a de indiferença, para assim se estar a salvo de propagandas ou contrapropagandas tendenciosas.

O que me faz pensar em certa anedota que ouvi certa vez de um grande contador de anedotas. Existe no mundo uma seita cujos membros praticam o que supõem ser o cristianismo científico: não acreditam que haja mal algum no mundo: só o bem. Sucede que uma vez voltava da igreja da seita uma devota intransigente acompanhada pelo filho pequeno. A certa altura do caminho por uma campina de subúrbio, o pequeno agarrou-se cheio de medo às saias da mãe, que estranhou aquilo: com medo de alguma coisa, de algum mal, seu próprio filho? Medo de quê? Medo de quem? Medo de que imaginário mal? Pois não sabia ele que não existe mal no mundo? O pequeno explicou que se refugiara junto à mãe com medo de um bode de aspecto agressivo que avançara contra ele, talvez para derrubá-lo e machucá-lo. – "Com medo de um bode?" – espantou-se a mãe. Pois não sabia o filho que não havia mal no mundo? Ao que o menino respondeu: – "Eu, mamãe, sei; mas o bode pode não saber".

Creio que a anedota pode aplicar-se a atitudes atuais de indiferença, em face de ameaças que se desprezam por pacifismo, por otimismo, por cientificismo, por esnobismo intelectual, por comodismo. Pois se nenhum de nós é hoje bastante ingênuo para acreditar em lutas entre a Democracia e a Tirania, entre o Ideal ou o Culto do Direito todo de um lado e a Força Bruta toda do outro, entre nações de homens justos, honrados e de um só parecer contra nações de velhacos; se nenhum de nós se deixa iludir por qualquer dessas mistificações, por outro lado alguns acham prudente acreditar em perigos concretos contra os quais se impõem defesas, precauções, vigilâncias: até mesmo o confiar desconfiando, do caboclo brasileiro. Há hoje no mundo águias, ursos, leões, talvez mesmo bodes, bichos simbólicos de toda espécie: contra as realidades que eles representam, os povos menores fazem bem em acautelar-se. *Há perigos reais*. Não perigos de nações contra nações – estes são transitórios – nem de Estado contra Estado – estes são ainda mais superficiais; e sim os perigos de culturas contra culturas; sim, as ameaças de imposição violenta da parte dos grupos tecnicamente mais fortes a grupos tecnicamente ainda fracos, de valores de cultura e de formas de organização social, dentro das quais os povos menores se achatariam em vassalos dos vencedores, ou por serem mestiços, ou por serem considerados corruptos, ou por isto, ou por aquilo.

Estes os perigos dos quais me pareceu oportuno vos falar, na ocasião em que nos reunimos, brasileiros e portugueses, para comemorar os centenários de dois feitos que se impõem à nossa lembrança não pelo seu sentido estreitamente patriótico, estreitamente nacionalista, simplesmente político ou militar, mas pelos largos significados sociais e humanos que os animam e os prendem a atualidades profundas de nossa vida; ao direito ou à oportunidade que reclamamos, portugueses e lusodescendentes, de realizarmos nós próprios aventuras de experimentação social e principalmente de desenvolvermos esforços – que se impõem – de reforma social e, mais do que isso, de reorganização social profunda. Profunda mas dentro das tradições fundamentais da nossa cultura e sem violência, antes em harmonia, com os valores, as constantes e os sentimentos pelos quais nos temos livrado de revoluções a esmo e da anarquia de culturas no espaço continental – a América Portuguesa – que é nosso dever resguardar de imperialismos etnocêntricos para a continuação da vasta experiência de democratização étnica e social que aqui se processa desde os primeiros dias da colonização lusitana. Resguardá-la de imperialismos de qualquer espécie, mesmo o apenas doutrinário; resguardá-la de qualquer espécie de intromissão imperialista no íntimo de sua vida e no essencial de sua cultura, nunca renunciando nós o princípio e o método de democratização das nossas sociedades – na Europa, na África, na Ásia, nas Ilhas, e não apenas no Brasil – pela miscigenação, pela mistura das raças, pelo intercurso entre as culturas. Princípio e método que são a maior contribuição portuguesa e brasileira para o melhor ajustamento das relações entre os homens.

APENSOS

TEXTOS DE
GILBERTO FREYRE

1. BIBLIOGRAFIA DE PROPAGANDA ANTILUSO-BRASILEIRA

Dentre os livros recentes de propaganda antiluso-brasileira podem ser destacados os seguintes: *Als Deutscher Pfarrer und Schulleiter in Suedbrasilien*, por Siegfried Heine (Druck und Verlag H. Richter, Buchdruckerei, Fuerstenwalde, Spree), e *Das Deutschtum in Lateinamerika* (Edwin Runge Verlag, Berlin-Lichterfelde). O geógrafo Reinhard Maack apresenta o ponto de vista antilusista no artigo "The Germans of South Brazil – a German View", *The Quarterly Journal of Inter-American Relations* (Cambridge, EUA), v. 1, n. 3.

O Congresso Teuto-Brasileiro (e indiretamente antiluso-brasileiro) a que se refere o autor foi realizado em Benneckenstein, de 19 a 22 de março de 1937, com a presença de vários pastores evangélicos, alguns residentes no Brasil, e de professores, universitários e secundários, entre os quais um membro da União dos Professores Católicos do Rio Grande do Sul. Embora o ponto de vista sustentado por alguns congressistas possa conciliar-se com a política de pluralidade de culturas – e nunca de exclusividade lusa ou hispânica – que, nos seus justos termos, está dentro das melhores tradições e das tendências mais caracteristicamente brasileiras de desenvolvimento nacional e social, outros – constituindo, ao que parece, a corrente dominante – mostraram-se partidários de franco antilusismo; e quase todos – ao que parece – da equiparação da tradição teuto-brasileira com a luso-brasileira, de que necessariamente resultaria a desagregação do Brasil – lenta ou demorada, conforme o rumo dos acontecimentos europeus.

Para melhor conhecimento das ideias do autor sobre a pluralidade de culturas no Brasil, ou sobre o pluralismo cultural, entre nós, conciliado com o lusismo essencial à articulação das regiões brasileiras em nação, leia-se a introdução do livro *O Mundo que o Português Criou*,[1] editado por José Olympio, Rio.

---

[1] Editado em 2010 pela É Realizaçoes. (N. E.)

2. QUESTÃO DE CULTURAS [1]

O ilustre geógrafo alemão sr. Reinhard Maack, creio que presentemente no Brasil, acaba de publicar na revista de professores e estudantes da Universidade de Harvard, *The Quarterly Journal of Inter-American Relations*, interessante artigo sobre os colonos alemães, ou de origem alemã, do Rio Grande do Sul, Santa Catarina e Paraná.

O geógrafo Maack conserva quanto possível, nesse artigo, a fleuma científica; mas uma vez por outra se exalta para exprimir sua revolta de alemão – ou, melhor, de nazista – contra as recentes leis brasileiras sobre aqueles seus compatriotas que pretendem conservar-se alemães (*Reichsdeutsche*) no nosso país.

Ele chega a dizer que o "alemão conserva-se para sempre alemão, não importa o país para que o tenha levado o destino...". O que justifica, é claro, aquelas nossas leis de profilaxia contra as pretensões do velho germanismo transoceânico, agora avivadas pelo nazismo.

Porque o geógrafo Maack deve afinal nos conceder o direito de nos defendermos contra uma política nitidamente antibrasileira de colonização como a definida por ele próprio no artigo para a revista de Cambridge. Não insistíssemos nessa defesa, e nos revelaríamos ainda mais fracos, mais incapazes e mais ingênuos do que nos supõem aqueles que fazem da cultura luso-brasileira ideia tão desfavorável: uma cultura lamentavelmente inferior à germânica.

Ora, a cultura luso-brasileira é nada menos do que a base, a essência, o nervo da organização nacional – ou social – brasileira, no Sul como no Norte. O Brasil se achataria em simples território bruto, sem nenhum relevo humano ou de cultura, exposto a afoitezas imperialistas de toda parte, no dia em que admitíssemos os mesmos direitos a uma cultura "teuto-brasileira" que os inerentes à cultura luso-brasileira. Esta, bem apurada, é o Brasil. Aquela seria a deformação, talvez mesmo a negação do Brasil, tal como se constituiu e se afirmou, através da difícil colonização portuguesa do nosso país e da assimilação do índio, do negro – dos seus valores de cultura e do seu sangue – pela cultura e pela gente cristã de Portugal.

---

[1] Artigo de Gilberto Freyre publicado no jornal *O Estado de S. Paulo* (São Paulo), 3 abr. 1940.

Aliás, a teoria da inferioridade da cultura luso-brasileira em face da germânica não seria tão fácil de provar como supõe a ingenuidade nazista. O geógrafo Maack – se é dos que acreditam em tal inferioridade e a supõem biológica – bem poderia recorrer à erudição de algum colega historiador ou à ciência de algum colega antropologista que o enriquecesse de informações exatas sobre o passado do português e da sua cultura; sobre as raízes latinas e os elementos árabes e sefárdicos dessa cultura – uma das mais cosmopolitas da Europa; sobre a ação portuguesa no Oriente, na América, na África – a ação da ciência e a ação política e social do colonizador; sobre os muitos livros de valor extraordinário escritos por portugueses – acerca do Japão, da África, da Índia, da América. Pois a glória intelectual dos portugueses não se resume em Camões e n'*Os Lusíadas*; estende-se à participação portuguesa na cultura hispânica; na cultura de toda a península. E convém não esquecer os valores orientais e africanos de que a Europa se enriqueceu por intermédio do português e da sua capacidade de assimilação dos valores de cultura exóticos; por intermédio do seu poder de harmonizar a personalidade nacional com a sua vocação ecumênica, com a sua atividade talássica, com o seu universalismo essencialmente cristão.

Mas deixemos tudo isso em paz nesta nota despretensiosa. É matéria demasiado vasta para um simples artigo. Toco no assunto somente porque o geógrafo Maack, na sua crítica às recentes leis brasileiras contra as tentativas de colonização política do nosso país por alemães – colonização política disfarçada em cultural – chega ao extremo de reclamar para os "alemães" – isto é, para os alemães nazistas – os mesmos direitos que tiveram os portugueses e que resultaram em ser o Brasil, hoje, uma expressão política da "cultura luso-brasileira". Repito que seria um excesso de ingenuidade dos brasileiros concordarem com a teoria do geógrafo Maack, permitindo o livre desenvolvimento da cultura germânica em determinado trecho do território nacional, desde que, segundo o geógrafo, o decreto brasileiro de colonização de 16 de março de 1820 permitia aos imigrantes alemães os mesmos privilégios que aos imigrantes portugueses.

Diante das nossas leis de simples defesa contra um perigo que a ninguém iludi – o das tentativas de penetração nazista no Sul do Brasil – o geógrafo Maack, quase zangado, nos compara com os "bolchevistas" – aliás bons camaradas, hoje, dos nazistas; ou antes, adulados pelo nazismo. "Enquanto" – diz o geógrafo –

"o nacionalismo brasileiro difere, em muitos aspectos, do bolchevismo e o combate como 'ideologia exótica' (...) na sua destruição dos valores criadores de individualidade nacional, ambos usam os mesmos métodos universalistas." E destaca este horror do "comunismo brasileiro": "Todas as nacionalidades, para viverem no Brasil, devem se misturar etnicamente".

O geógrafo Maack atribui essas ideias "universalistas", para ele absurdas, ao próprio movimento integralista, recordando, com indignação, que um dos chefes teuto-brasileiros do extinto partido teria exclamado, em discurso em Blumenau: "Na época de completa fraternização de toda a família brasileira num Estado integral, não haverá mais diferenças de raça e de cor".

Para nós, um dos pontos simpáticos e essencialmente brasileiros do programa daquele movimento. Para o geógrafo Maack: heresia das heresias. Os homens de raça e de cultura germânicas, sob a orientação nazista, não se submeteriam nunca a semelhante confraternização de raças e de costumes, dentro das tradições portuguesas que se tornaram estruturais para o desenvolvimento brasileiro.

De modo que se vê, pelo artigo do ilustre cientista, feito agora propagandista político, que é absoluta a divergência entre a filosofia brasileira de formação nacional e a filosofia imperial de colonização de parte do Brasil pelo nazismo.

O geógrafo Maack não admite, como bom nazista, "a destruição dos valores criadores de individualidade nacional alemã"; ao conjunto de tais valores, devíamos nós, brasileiros, dar o direito de florescerem inteiramente à parte das tradições luso-brasileiras ou mesmo contra estas – dadas as "incompatibilidades" que o sr. Maack salienta. Por conseguinte: contra nós. Se fôssemos transigir com tão modesta exigência da parte dos teóricos e dos agentes da teoria nazista de colonização, nós é que renunciaríamos à nossa individualidade nacional – felizmente, como o próprio sr. Maack reconhece, universalista e de modo nenhum estreitamente nacionalista – para permitirmos o livre desenvolvimento, no nosso meio e provavelmente contra nós, de uma individualidade nacional germânico-nazista.

3. A GRANDE CULTURA AMEAÇADA: A CRISTÃ[1]

Noto que a sugestão por mim esboçada num trabalho aparecido há pouco (*Uma Cultura Ameaçada: a Luso-Brasileira*) de que há, para efeitos de caracterização de culturas modernas, traços sociologicamente cristãos diversos dos teológica ou misticamente cristãos, foi recebida de modo diverso por três ilustres publicistas católicos que se ocuparam inteligentemente do assunto: o sr. Álvaro Lins, neste jornal; o sr. Luís Delgado, num jornal de Pernambuco; o sr. Afrânio Coutinho, n'*A Tarde*, da Bahia.

O sr. Álvaro Lins – que é um crítico literário tão discriminador e sagaz – falando em divergência de "colocações", que no caso seriam felizmente colocações de ideias, pretende que eu erradamente – erro de filosofia, a seu ver – tenha colocado o "sociológico" acima do "teológico"; o sr. Luís Delgado – outro ensaísta ilustre –, em face daquela sugestão do meu trabalho, quase se escandalizou, falando mesmo na necessidade de um cristianismo "ascético" que, por erro de revisão, retificado no dia seguinte, saiu ironicamente "cristianismo asséptico"; no sr. Afrânio Coutinho, porém, encontrou a ideia de caracterização sociológica de uma cultura pelo seu aspecto cristão – nem sempre correspondente ao conteúdo teologicamente "cristão" – acolhida favorável, sem que sua mocidade de intelectual moderno e agilmente compreensivo se sentisse um só instante em desacordo com a sua ortodoxia de cristão velho. É verdade que católico para quem o papa – o de branco – e o sr. Jacques Maritain são ainda as autoridades preferidas em questões de ortodoxia cristã.

Questões em que – a católico cheio de respeito e admiração pela Igreja – de modo nenhum entrarei. Mas diante da simpatia com que se ocuparam daquele meu trabalho os três referidos escritores, e das divergências dos dois primeiros quanto à caracterização do fato cristão como fato sociológico às vezes independente de conteúdo teologicamente cristão, me vejo obrigado a acentuar este

---
[1] Artigo de Gilberto Freyre publicado no *Correio da Manhã* (Rio de Janeiro), 15 out. 1940.

ponto: que semelhante caracterização é aceita por alguns dos maiores pensadores católicos da nossa época, que são também estudiosos profundos de sociologia.

Não só o professor Maritain, como lembra o sr. Afrânio Coutinho: "é o que também Maritain procura traduzir com a distinção hoje muito generalizada na consciência católica, entre Igreja e cristandade, que se diferencia daquela por ser uma forma de civilização, portanto de domínio temporal, enquanto a Igreja é do domínio do espiritual, do sobrenatural". Também o escritor T. S. Eliot, por mim citado naquele meu trabalho (*Uma Cultura Ameaçada: a Luso-Brasileira*) e cujos livros, em inglês, sobre o assunto peço licença às autoridades eclesiásticas para recomendar à leitura dos católicos brasileiros que leem a língua em que escreve o profundo poeta e ensaísta católico de Londres. Língua outrora quase só de hereges, hoje de excelentes e numerosos católicos – para não falar dos cristãos em geral; de tal modo que se pode dizer com certa afoiteza e alguma verdade que é, sociologicamente entre as línguas modernas, a cristã e mesmo a católica por excelência. Como o latim é a teológica, a língua inglesa é hoje a língua sociológica do cristianismo.

Os estudos de T. S. Eliot ligados ao assunto são: *For Lancelot Andrewes* (1928) e notadamente *The Idea of a Christian Society* (1939). Este, o texto revisto e aumentado de conferências lidas no Colégio de Corpus Christi de Cambridge (Inglaterra) no ano universitário de 1938-1939.

Como católico, o escritor Eliot só aceita como integral e verdadeiro o cristianismo que reúne ao aspecto sociológico o sentido teológico, místico, sobrenatural; e compreende que, além da Igreja, e dos que tendo olhos para o sobrenatural do cristianismo praticam-no consciente ou inconscientemente, existam os que, em questões de governo, legislação, administração, direito, seguem, por estarem cultural ou sociologicamente sob a ação de princípios ou tradições cristãos, uma filosofia política cristã e que formam "sociedades cristãs"; ou aqueles cujo cristianismo "realizando-se quase por completo através de uniformidade de hábito e conduta" ainda assim não é o integral e verdadeiro. Tais "cristãos" – que, adianto eu, incluem-se na classificação, por mim sugerida, de "sociológicos" – formariam, para Eliot, a "comunidade cristã". Mas não a Igreja. Não a "comunidade dos cristãos" conscientes: inteiros na fé e na prática do cristianismo.

Nessa discriminação, o escritor Eliot de modo nenhum põe o "sociológico" acima do "teológico"; nem me parece que na minha débil tentativa de caracterização sociológica de culturas "cristãs" como mais amplas, isto sim – mas não superiores –, ao cristianismo ao mesmo tempo ético e sobrenatural, tenha eu avançado que o "sociológico" está acima do "teológico". Amplitude não implica superioridade. Rara a cidade da Europa cristã superior à sua catedral gótica.

O que procurei destacar foi a amplitude do cristianismo como fenômeno sociológico e cultural dos nossos dias. A amplitude da cristandade como imenso parque de cultura, a que o Brasil pertence como resultado do esforço da colonização portuguesa: a colonização que primeiro desbastou a mata grossa desta parte da América. Na defesa de tal cristianismo-cultura é que me parece coincidir com o interesse dos católicos conscientes e ortodoxos o interesse dos que, não sendo católicos nem sequer cristãos, veem na herança cultural predominantemente cristã nas suas formas e nos seus valores sociais – o conteúdo teológico constitui outro problema – de que somos todos portadores, não uma simples decoração estética e sentimental da qual a Europa e as sociedades europeizadas dos nossos dias, desfazendo-se, ou procurando desfazer-se pela violência, sofreriam apenas uma comoção ou confusão estética e sentimental; e sim um conjunto de valores sociais e culturais de toda espécie, cujo esmagamento nos faria regredir ao simplismo do paganismo teutônico, enriquecido de vantagens modernas puramente técnicas. Porque o outro paganismo, o greco-romano, desde a cultura cristã absorveu tantos valores que o mais simplista o considera quase tão seu inimigo. E é realmente difícil separar bem separada a cultura cristã de elementos da greco-romana e da hebreia; e, no nosso caso de hispanos e descendentes de hispanos, da árabe.

4. AMERICANISMO E LUSISMO[1]

Escrevendo, a semana passada, sobre a articulação de cultura nas Américas, esbocei a possibilidade de um desenvolvimento cultural nesta parte do mundo sob a forma de um arquipélago enorme. Forma sociológica, e, até certo ponto, política. Em tal configuração se conciliaria o sentido de extensão continental da mesma cultura com o de densidade e individualidade das "ilhas" que a constituem e uma das quais é o Brasil. Um continentalismo ou americanismo pluralista e de modo nenhum uniformista. Mas americanismo.

O destino americano do Brasil – da sua cultura – está claramente antecipado nas nossas tendências. Apenas não será um americanismo no qual nossa individualidade de "ilha", de formação sociológica singular – com a preponderância do português e a larga participação do negro e a rápida valorização do mestiço – e de formação política igualmente singular – considerado o longo período monárquico que nos marcou o caráter, talvez para sempre – se dissolva em dois tempos, se por acaso se desenvolver no continente um imperialismo ansioso de uniformização social e política. Este, um ponto a salientar.

Mas há outro. E é que nossa condição sociológica de "ilha" no continente não pode significar dependência de qualquer dos blocos de onde nos vieram os elementos principais de formação de cultura. Tal dependência seria colonialismo. E colonialismo de sabor político. Por conseguinte contrário não simplesmente às fórmulas mas às tendências do americanismo como expressão de cultura nova e mais livre que a europeia.

Por outro lado estamos, os povos americanos de formação hispânica – portuguesa ou espanhola –, numa fase de desenvolvimento de cultura que nos convém seja ainda uma fase de "colonização" europeia. De pós-colonização, pode-se dizer. Mas pós-colonização na qual os elementos portugueses e espanhóis, isto é, os verdadeiramente de elite e os folclóricos, os populares, os mais intensamente populares, entram no desenvolvimento da cultura dos povos novos da América para avigorar-lhes a individualidade e a tradição hispânica. Para avigorar-lhes essa

---
[1] Artigo de Gilberto Freyre publicado no *Jornal do Commercio* (Recife), 10 ago. 1941.

individualidade e tradição, note-se bem; e não para orientá-la nem dirigi-la com intuitos ou vagos desejos de recolonização política.

Tal sentido seria tão contrário ao desenvolvimento de cultura um tanto desordenada e de modo nenhum precocemente rígida, que convém aos povos da América, quanto o daquele pan-americanismo simplista para o qual a gente e a cultura das Américas já se bastam, podendo assim dispensar não só a orientação como a participação europeia no seu desenvolvimento.

Engano, a meu ver. Essa participação não só nos convém como nos é essencial. E no caso do Brasil, significa uma larga participação europeia, em geral, e portuguesa, em particular – de elites e de elementos populares – no desenvolvimento de uma cultura que sendo americana no seu ritmo e nas suas formas mais livres de expressão, de criação e ampliação de valores, seja ao mesmo tempo hispânica – particularmente portuguesa – nos seus motivos mais profundos de vida e nas suas maneiras mais características de ser. Ligando-se no Brasil, tais elementos e elites não se perdem nem suas energias morrem, pois aqui se ampliam suas possibilidades de expressão, junto com a dos brasileiros, em particular, e a dos americanos, em geral.

Essa dualidade de "ilhéus" e "continentais" do brasileiro, como expressão de uma cultura nova na América, me parece um aspecto importante das nossas relações com os povos vizinhos, por um lado, e com os maternos, por outro. E não se trata de um antagonismo impossível de ser vencido pela conciliação, mas, ao contrário, de uma dualidade fecunda a aproveitar. Sobre ela que terá provavelmente de fundar-se a verdadeira articulação de uma cultura americana que não seja um puro americanismo horizontal ou de superfície, voltado só para o progresso em extensão dos povos do continente.

5. BRASILEIRISMO[1]

O coronel Cordeiro de Faria, no Rio Grande do Sul, e o sr. Nereu Ramos, em Santa Catarina, estão empenhados numa obra de vigoroso brasileirismo contra influências antibrasileiras naqueles dois estados do Sul.

•

Não se trata de apurar a responsabilidade que nos toca – aos brasileiros – pelo fato de se terem constituído áreas do Rio Grande do Sul e de Santa Catarina, blocos de população alheios à consciência nacional; estranhos à nossa "consciência de espécie" – para usarmos uma expressão rigorosamente sociológica – e sensíveis apenas à dos seus povos de origem. Não há dúvida de que o mecanismo eleitoral da primeira República favoreceu, e muito, o desenvolvimento, naqueles grupos, de tendências à exclusividade étnica e de cultura. Desenvolvimento tão grande que as "minorias" mais agudamente transoceânicas nos seus sentimentos e ideias políticas chegaram a se imaginar independentes de deveres para com este fácil e hospitaleiro país americano que é o Brasil, por muitos já procurado menos como refúgio à pressão econômica da vida na Europa e no Japão, que como área de expansão étnica, cultural e política de povos insatisfeitos.

À sombra do velho mecanismo eleitoral, eram muitas as transigências da parte do governo da União e dos estados com tais "minorias", contanto que delas viesse o voto necessário à vitória de senadores e deputados, de governadores e intendentes. E a essas transigências devemos juntar o fato de que nos faltou por muito tempo vigor – e ainda nos falta até certo ponto – para nos afirmarmos junto aos adventícios por uma série de atividades sistematizadas no sentido de absorção cultural dos seus descendentes: escolas e arte abrasileirantes, por exemplo.

O abrasileiramento verificado nas camadas de imigrantes menos presos a compromissos e ligações transoceânicas, de caráter político, tem resultado, no Brasil, do puro contágio dos adventícios com a música popular, com a culinária, com a dança, com o folclore, com as superstições e a fala do povo, com a sua

---
[1] Artigo de Gilberto Freyre publicado no *Jornal do Commercio* (Recife), 1º maio 1942.

religião. Tem sido obra mais do povo que dos governos e das instituições e organizações das quais se podia esperar maior esforço sistematizado no sentido daquela absorção cultural.

Esse esforço é recente. Ninguém pode negar ao atual governo uma série de iniciativas corajosas no sentido de estancar a força dos sentimentos e ideais políticos transoceânicos dos grupos menos brasileiros da nossa população meridional.

Os interventores do Rio Grande do Sul e de Santa Catarina, principalmente, têm desenvolvido uma ação inteligente e constante de brasileirismo construtor. O do Paraná também.

Esse brasileirismo construtor e, ao mesmo tempo, cioso dos seus valores essenciais e tradicionais em face de qualquer esforço de descaracterização de qualquer das nossas áreas – no Sul ou no Norte, no Centro ou no Nordeste – pede, no momento que atravessamos, uma concentração de esforços com alguma coisa de movimento de segurança ou de defesa nacional em ponto grande a animar-lhe as atitudes, as iniciativas e as reações.

Estamos precisamente no instante de nos definirmos como povo independente, pela mobilização de todos os nossos recursos de cultura própria e original. Cultura que tem personalidade firmada no continente por um passado a que a fraternal mistura de raças, o livre intercurso de culturas diversas, a combinação de instituições monárquicas com tendências socialmente democráticas, a harmonização de formas europeias de vida e de cultura com a natureza tropical e com o clima quente, deram um colorido especial, único, inconfundível.

•

Essas tradições de cultura constituem não só uma força que nos protege contra fáceis descaracterizações como um conjunto de valores que pedem nossa proteção. Nessa reciprocidade está todo um programa de brasileirismo: tradicionalista e, ao mesmo tempo, ativista. Conservador e criador.

6. O PORTUGUÊS E A ROTINA

Destacando no português o gosto da rotina, ao lado do gosto da aventura, o autor se coloca contra o ponto de vista dos ilustres ensaístas e sociólogos srs. Sérgio Buarque de Holanda – para quem Portugal não está entre as nações do "tipo trabalhador", mas sim do "tipo aventureiro", tese que defende no excelente estudo *Raízes do Brasil* (Rio, 1936) – e Sérgio Milliet, que igualmente supõe, e proclama em sugestiva página do seu *Roteiro do Café e Outros Ensaios* (São Paulo, 1939), que "o português colonizador não se afeiçoava ao trabalho duro e lento da terra", desconhecendo o ensaísta os verdadeiros motivos de tal desapego; mas indo ao extremo de aceitar a possibilidade de uma explicação etnocêntrica: "talvez mesmo primassem os [motivos] de ordem racial, como sugere Sérgio Buarque de Holanda" (p. 126). Ao autor não parece que o desapego ao "trabalho duro e lento da terra", da parte do colonizador português, tenha sido completo no Brasil; nem que, estabelecido esse desapego absoluto, esteja provado o nenhum gosto do colonizador português do Brasil pelo trabalho lento, rotineiro, construtor. Esse gosto existiu ao lado do espírito de aventura. E a explicação "racial" – no sentido biológico de "racial" – não parece ao autor explicação adequada, nem a esse, nem a nenhum fato de natureza principalmente social e cultural.

7. VALORES DE CULTURA TRAZIDOS À AMÉRICA PELOS PORTUGUESES

Sobre o assunto, o autor depois de procurar destacar a contribuição portuguesa para a cultura moderna, escreveu em conferência lida o ano passado no Instituto de Cultura reunido em Woodstock, Nova York, e agora publicada pela Imprensa da Universidade Columbia, com outras conferências, em livro intitulado *Concerning Latin American Culture*:

> *It is amusing to one who knows the history of such a culture to hear some of the present-day propagandist of the German expansion in Southern Brazil say that the Germans can not submit to the Luso Brazilian or the Hispano-Brazilian culture because it is inferior. The fact is that it is a much older culture than the German culture, and that it was enriched by the Arabs and the Sephardic Jews as was no other culture in medieval or modern Europe. Such contributions it added to its Roman elements, the Portuguese probably being the modern European tongue closest to the Latin, with the single exception of the Italian. And all those valuable cultural elements were taken to Brazil by the Portuguese settlers in that part of America. (p. 81)*

APENSOS

TEXTOS DE
OUTROS AUTORES

8. UM DOCUMENTO DE EXCEPCIONAL IMPORTÂNCIA [1]

Álvaro Lins

No Gabinete Português de Leitura, de Pernambuco, nas comemorações oficiais dos centenários lusitanos, o sr. Gilberto Freyre pronunciou uma conferência que se acha agora editada em volume (*Uma Cultura Ameaçada: a Luso-Brasileira*, Recife, 1940) e que me parece um documento de excepcional importância. Ouvi essa conferência e me lembro que provocou, tanto pelo orador como pelas suas palavras, uma impressão que podemos dizer revolucionária. E revolucionária também em si mesma: pelo que representava de atitude absolutamente contrária aos discursos vazios e retóricos, tão habituais em ocasiões como aquela e tão do gênero dos intercambistas luso-brasileiros, uns inúteis profissionais de uma aproximação cuja realidade não pode estar nem nos banquetes, nem nas sessões solenes, nem em platônicas promessas de amizade. Leio agora a conferência e sinto que é, por todos os motivos, muito mais para ser lida do que para ser ouvida; obra, aliás, de um autor, ele mesmo, "mais da leitura do que da oratória". O material que ela contém é mais visual do que auditivo; é desses que os olhos precisam receber para uma fixação mais consciente e mais firme. E a mensagem de *Uma Cultura Ameaçada* vale tanto por si mesma como pela significação do seu autor. Debaixo de um nome comum, essa conferência, pelo que exige de compreensão e atitude, poderia nos deixar hesitantes, incrédulos ou indiferentes.

Com o nome do sr. Gilberto Freyre, não. Trata-se de um sociólogo, de um historiador, de um escritor que não tem compromissos senão com as suas ideias e com os seus estudos. Que tem feito da objetividade o seu método. Que dedicou toda uma vida aos estudos históricos, sociais e literários sem outras ambições que não sejam a verdade e a riqueza da sua obra. Para aqueles, como eu, que não aceitam todas as suas ideias e todas as suas colocações – e nessa conferência mesma

---

[1] Reproduzido da obra *Jornal de Crítica, Primeira Série*. Rio de Janeiro, José Olympio, 1941, p. 197-200, onde saiu com o título "Estudos Sociais".

há um erro filosófico que se repete várias vezes: o de colocar o plano sociológico acima do plano teológico –, a autoridade intelectual e moral que o nome do sr. Gilberto Freyre implica, como escritor e como homem, deve estar sempre presente na leitura dessas páginas de *Uma Cultura Ameaçada*: uma advertência dramática e perigosa.

O título da conferência já revela, em si mesmo, todo o seu sentido. Existe uma cultura ameaçada, e esta é a nossa: a cultura luso-brasileira. Depois de definir as qualidades essenciais dessa cultura – baseada no espírito da aventura e no gosto da rotina que se associaram no português –, o seu conceito e a sua realidade, o sr. Gilberto Freyre indica os perigos que a ameaçam e convida-nos a defendê-la como um patrimônio de vida, da nossa vida coletiva e pessoal. Lembra, com exemplos históricos, que a guerra entre duas nações ou entre dois Estados é um fenômeno transitório. Uma nação ou um Estado derrotados conservam a sua resistência e a sua individualidade e acabam por readquirir a sua antiga independência e autonomia. Com uma cultura, porém, tudo se processa diferentemente: atingida a cultura, desmoralizados ou substituídos por outros os seus valores representativos, então o Estado e a nação nunca mais se reabilitarão dentro da derrota.

A guerra atual, como sabemos, é uma dessas guerras mais de culturas do que de nações ou de Estados. Desde a ascensão do nazismo que os filósofos e sociólogos católicos – entre eles Jacques Maritain, mas acima de todos o próprio papa Pio XI – já haviam definido a divisão especial desta luta no mundo moderno: de um lado o paganismo germânico e racista; do outro lado a civilização ocidental, que é ainda, apesar de todas as desvirtuações, uma civilização que tem por base comum o cristianismo. E não obstante as imprecisões terminológicas entre "civilização" e "cultura", as distinções que possamos fazer com Nietzsche, com Spengler, com tantos outros, quando um francês como Jacques Maritain emprega a palavra "civilização" (e ele já definira: "*Civiliser c'est spiritualiser*") quer também significar "cultura" – termos, em geral, empregados na língua francesa indiferentemente. De qualquer forma, o que se conclui dos mais diversos conceitos é que os cristãos não empregam a palavra "cultura" num estreito e biológico sentido de raça. "Cultura", para nós, é toda a vida espiritual e material de um povo ou de um grupo de povos. "Cultura", por exemplo, no amplo sentido em que Sombart a define e divide: de natureza *material* e de natureza *ideal*, compreendendo a cultura *institucional* e a cultura *espiritual*. É a cultura que Sombart chama objetiva, juntando-lhe a cultura *pessoal* ou *subjetiva*, de caráter *físico* e *psíquico*.

Estamos, como se vê, no domínio flutuante da terminologia, mas creio que é nesse amplo e humaníssimo sentido que o sr. Gilberto Freyre emprega também a palavra "cultura". E o que podemos chamar a nossa "cultura" é a luso-brasileira, o que quer dizer: a união dos valores culturais portugueses com os valores culturais negros e indígenas, dentro da natureza americana. Esta cultura, explica o sr. Gilberto Freyre, "tornou-se aqui plural, aberta a outras culturas, conservados os valores tradicionais portugueses como o necessário lastro comum". Precisamente esse lastro comum é que agentes políticos de uma cultura imperialista tentam destruir, com tentativas de desmoralização e de ridículo do que é essencial na civilização luso-brasileira; a cultura imperialista, ao contrário da nossa, sendo uma cultura "fechada" e exclusivista, toda conformada no critério biológico de raça e tentando escravizar todas as outras justamente em face de um mito de superioridade étnica. Por isso devemos nos situar, como um ponto de partida, na afirmação que faz o sr. Gilberto Freyre a respeito da "nenhuma base científica dos mitos de raças puras ou de raças superiores hoje proclamadas com ênfase, das torres de propaganda política dos partidos racistas da Europa". Sobretudo porque, diferentemente da portuguesa – "com uma capacidade única de perpetuar-se noutros povos" –, as nações que representam a cultura racista só têm a capacidade de escravizar aquelas outras que Spengler chamava, desdenhosamente, "províncias" da cultura. Províncias da cultura germânica, naturalmente.

Não é só, portanto, nos campos de batalhas da Europa, mas em todos os continentes, através de uma sistemática propaganda, que as culturas se chocam e disputam o domínio do mundo moderno. Como todas as outras, a cultura luso-brasileira está implicitamente ameaçada. O sr. Gilberto Freyre afirma, na sua conferência, que ela se encontra muito mais ameaçada do que se pensa. E o afirma tanto em face do que tem lido em livros, artigos e boletins, como em face do que tem diretamente observado.

A conferência do sr. Gilberto Freyre constitui, como se vê, uma advertência. A luta objetiva pela defesa da nação e do Estado – e não é dela que se cogita no momento em que o Brasil está em paz com todos os outros países –, esta é da competência das autoridades. Ao lado de qualquer luta armada, porém, existe uma outra luta, a que se processa no domínio íntimo das inteligências. A essa luta – luta pela defesa dos valores espirituais e materiais da cultura luso-brasileira – todos os escritores devem estar presentes. E para esse ato de presença e de vigilância, a conferência do sr. Gilberto Freyre – revestida de um tom dramático pouco comum na sua obra – representa uma espécie de toque de reunir.

9. GILBERTO FREYRE E A CULTURA LUSO-BRASILEIRA[1]

Manuel Anselmo

I.

Para um escritor da categoria de Gilberto Freyre – tanto pensador como artista, tanto intelectual como emotivo –, os problemas essenciais da vida, humanizados por uma antecipação mental das respectivas soluções, apresentam dificuldades sem conta. A menor destas não será decerto a própria posição da inteligência, seriamente perturbada pelas inconstâncias dos valores culturais internacionais ou circunstâncias históricas contraditórias. Pode muita gente não compreender, talvez, o que, nos dois períodos transactos, deixo *expresso* (e disso me penitencio, desde já, por ser responsável exclusivamente a minha pena); mas sem essa perturbação da inteligência, agravada pelos acontecimentos temporais, talvez que a obra de Gilberto Freyre não fosse sequer possível.

Trata-se de um escritor que, analisando friamente as épocas, os valores humanos, os climas sociais, as tendências religiosas e as incoerências doutrinárias, se fez mais crítico sociológico de uma *civilização* do que um criador otimista de teorias gerais. Sob certo aspecto, e sem menosprezar o grande capital de talento, de cultura e de prudência do autor de *Sobrados e Mucambos*, a obra de Gilberto (e por aí obterá o definitivo êxito histórico e intelectual) vale mais como *comentário* (valorizada nesse comentário, como é óbvio, a reação intelectual e psicológica do autor), como *crítica* (particularizado nessa crítica o seu ideário mental e sociológico), e como *higiene* de uma civilização que, segundo o autor, para se manter, deverá não renunciar nunca "ao método de democratização das nossas sociedades – na Europa, na África, na Ásia, nas Ilhas e não apenas no Brasil – pela miscigenação, pela mistura de raças, pelo intercurso entre as culturas" (ver

---
[1] Reproduzido da obra *Família Literária Luso-Brasileira*. Rio de Janeiro, José Olympio, 1943, p. 133-139.

p. 80 de *Uma Cultura Ameaçada: a Luso-Brasileira*, 2. ed., Rio de Janeiro, Casa do Estudante do Brasil, 1942).[2]

Dessa transcrição poderá regressar-se à afirmação inicial de que a obra de Gilberto Freyre, por surgir de preocupações sociológicas e humanísticas, se ressente (e quase sempre sob aspectos originais) da perturbação provocada na sua inteligência (mais *aristocrática*, isto é, criadora, que receptiva ou conciliadora, que o mesmo é dizer mais platônica que aristotélica), pela irregularidade das observações, pela desigualdade das culturas, pela antinomia das tendências matrizes humanas (tomadas estas, é claro, mais no seu sentido sociológico, de democracia social, do que em função de uma tábua de valores espirituais, doutrinários ou estéticos). Dessa perturbação é exemplo o próprio conceito de *cultura* de Gilberto Freyre. "A cultura a que se refere o autor – declara o prefaciador dessa notável conferência – é cultura no seu amplo sentido antropológico-social. Por conseguinte, inclui toda a organização social de um povo. Todos os seus recursos de significação humana." Eis um conceito de que profundamente discordo, mas ao qual não posso deixar de prestar a homenagem mais sincera da minha inteligência.

Em nome dessa "cultura" (cujo conteúdo é mais social que psicológico, mais objetivo que subjetivo, mais *realidade* que *essência*, mais soma de conhecimentos que mera *higiene* deles proveniente), Gilberto Freyre parte para a realidade histórica luso-brasileira, não só para polarizar entre a aventura e a rotina o pêndulo humano e social do português, como para prestar, dada aquela *antecipação mental* das soluções sociais que caracteriza Gilberto Freyre, a sua admiração (ainda antropológico-social) pelas organizações de democracia social do "mundo luso-afrobrasileiro" cuja manutenção o pensador considera indispensável para "a defesa de valores de cultura essenciais à nossa vida".

Eis, pois, quanto esse conceito de *cultura* é plástico e quanto ele pode servir de gazua para soluções inesperadas. Quem, como eu, pensa que a cultura em nada, ou em quase nada, está presa à configuração particular das diferentes paisagens sociais, geográficas e históricas (não obstante pensar como Montesquieu que essas paisagens sociais influem poderosamente na civilização jurídica e social dos diferentes povos, mas *civilização* não é *cultura*); quem como eu pensa, pelo

---

[2] Ver p. 44 da presente edição.

contrário, que a cultura é mais uma *substância* espiritual condutora da vida do que uma superestrutura ideológica proveniente da própria vida material e dominando esta; quem, como eu, observa no cristianismo, ou melhor dizendo, no catolicismo, a base primária, definitiva e inconfundível da cultura luso-brasileira, pois não só ela influiu nos costumes, no comportamento social e humano dos dois povos, mas também está presente na linguagem dos diplomas jurídicos e políticos que informam as duas nacionalidades, e numa *concepção de vida* mais idealista que materialista; quem, como eu, percorrendo a história de Portugal, pode compreender como a ação cultural do catolicismo se exerceu sempre *de cima para baixo*, isto é, sem nunca se deixar enxertar pelas sugestões da terra, dos homens ou do clima (e disso é exemplo a própria *moral* que é a mesma em todas as partes do orbe católico português); só muito submetido poderá aceitar o critério, aliás inteligente, do sr. Gilberto Freyre, de que os recursos da cultura "chamada imaterial, tanto erudita como folclórica" existem "dispersos, desconexos e um tanto soltos". Discordância que torno aqui patente, é claro, por dever de caráter e até mesmo em homenagem à nobreza mental do Mestre em matéria de ecologia brasileira que é o sr. Gilberto Freyre.

II.

Conceitos muito agudos e certos escreve o autor de *Uma Cultura Ameaçada* quando se refere ao gosto de rotina do português. Claríssimo que esse gosto de rotina tem causas históricas e sociais que um sociólogo como Gilberto deve conhecer muito melhor que eu: no campo histórico, o desastre de Alcácer-Quibir que quase aniquilou a flor da juventude nobre da Metrópole e, no campo social, a descoberta da máquina a vapor e o desenvolvimento das indústrias, nomeadamente a do ferro. Quando a plutocracia internacional, por virtude desses dois fatos sociais, ultrapassou as sebes das fronteiras para se instalar sem-cerimoniosamente, em nome do dinheiro, nas capitais de todos os países e em muitas consciências, Portugal, que tivera um império colonial que abrangera o mundo quase inteiro, viu-se, a partir de certa data, sem homens e sem recursos para o defender da rapinagem dos mais fortes e ricos. Daí a adaptação, até mesmo psicológica, a uma *rotina* que não era, aliás, característica da sua raça e cultura. Essa *rotina* não significa, porém, quebranto, descaso pela aventura ou inércia; representa, apenas, tranquilidade e serena espera.

Quando Gilberto assegura que "a história inteira dos portugueses e não apenas a das artes – os revela um povo com uma capacidade única de perpetuar-se noutros povos", sintetiza, com uma lucidez profundíssima, a verdadeira psicologia histórica portuguesa. "Mas sem que o povo português tenha feito nunca dessa perpetuação uma política biológica e anticristã de exclusividade: nem exclusividade de raça nem de cultura". Ao contrário da colonização inglesa, alemã e holandesa,

> o português se tem perpetuado, dissolvendo-se sempre noutros povos a ponto de parecer ir perder-se nos sangues e nas culturas estranhas. Mas comunicando-lhes sempre tantos dos seus motivos essenciais de vida e tantas das suas maneiras mais profundas de ser que passados séculos os traços portugueses se conservam nas faces dos homens de cores diversas, na fisionomia das casas, dos móveis, dos jardins, nas formas das embarcações, nas formas dos bolos.

Palavras, estas, dignas de uma antologia. Mas pergunto: como explicar essa contínua sobrevivência do gênio português, ao fim de tantos séculos, nos povos que a sua colonização criou? Antirracista, como sou, nego-me a considerar como chave desse acontecimento étnico a superioridade da raça portuguesa (que, bem consideradas as coisas, nem sequer existe – mas sim *raças*). Penso, porém, que a explicação do fato está no próprio conceito não *plural* mas *pessoal* da *cultura portuguesa*, tomada esta como um itinerário de ordem mental, humana e social formulado por um rigoroso e amplo espírito *católico* da vida (*católico* quer dizer *universal...*). Até a forma das embarcações e a forma dos bolos acusam, como é óbvio, influências religiosas, se não perfeitamente *puras* pelo menos *insinuadas*.

III.

A ternura de Gilberto Freyre pelas coisas portuguesas

(venho contribuindo modesta mas conscienciosamente desde os meus primeiros estudos de adolescente para a reabilitação da figura – por tanto tempo caluniada – do colonizador português no Brasil; para a reabilitação da obra – por tanto tempo negada ou diminuída – da colonização portuguesa da América; para a reabilitação da cultura luso-brasileira, ameaçada hoje, imensamente mais do que se pensa, por agentes culturais de imperialismos etnocêntricos, interessados em nos desprestigiar como raça – que qualificam de "mestiça", "inepta", "corrupta" – e como cultura – que desdenham como rasteiramente inferior à sua)

é motivo de orgulho para nós, portugueses. Em primeiro lugar, pela dignidade de intelectual com que Gilberto Freyre se tem devotado a essa obra corajosa e desinteressada de "reabilitação", dignidade que o levou, com perfeita sinceridade e seriedade, a escrever na primeira edição de *Casa-Grande & Senzala*, ao lado de expressões carinhosas e admirativas, injustas palavras acerca do feitio *específico* do colonizador português, as quais, mesmo assim (e suponho que o próprio sr. Gilberto Freyre, ainda por motivos da mesma dignidade e seriedade mental, é o primeiro a não lhes permanecer fiel...), ficam muito aquém, em violência, das que lhe dedicou o português Oliveira Martins. Depois, porque a figura mental do sr. Gilberto Freyre é daquelas que bastam, por si sós, para honrar um país e uma literatura, qualquer que seja a época.

Quem analisar o grande prosador que Gilberto é – talvez um dos maiores prosadores atuais do Brasil – observará que, até mesmo nos seus méritos exclusivamente literários, se nota a presença do seu contínuo esforço de séria interpretação de Portugal. Ora, inteligências como a de Gilberto Freyre, quaisquer que sejam as ideias religiosas ou as tendências políticas do *homem*, das quais podemos discordar (e, por minha parte, declaro que discordo), dão sempre interesse aos temas que interpretam e aos conceitos que realizam.

10. UMA CULTURA AMEAÇADA: A LUSO-BRASILEIRA[1]

José Lins do Rego

A Casa do Estudante do Brasil, que é uma força de nossa mocidade em ação, publicou uma segunda edição da conferência manifesto com que Gilberto Freyre definiu a sua atitude, de antinazista, em 1940, ao tempo das comemorações do centenário de Portugal. A Casa do Estudante quis que o documento histórico fosse o mais divulgado possível e mandou fazer distribuição do mesmo em sua grande feira de livros.

Há dois anos, Gilberto Freyre, em Recife, com riscos de vida, denunciava o perigo que nos ameaçava de perto. Foi claro, foi de uma força de verdade que nos fez tremer. A voz de Gilberto Freyre, naquele instante, exprimia a sua obra inteira. Todos os seus livros, todas as suas descobertas de sociólogo, todas as suas cores de artista, todos os seus instintos de poeta estavam nas palavras do mestre que não temia os poderes da quinta-coluna que andava à solta, mistificando. Contra o brasileiro viril que queria a sua terra em segurança contra poderosos inimigos externos, fizeram tudo que era possível para destruir a sua energia, a sua coragem. Seria, então, apontado como corruptor da mocidade, perigo das instituições, da família, ele um criador de valores, o mais consciente admirador da obra da civilização nos trópicos que é o Brasil. A verdade que Gilberto Freyre defendia era maior que a cavilação dos inimigos do Brasil.

Transcrevo, hoje, as notas que em junho de 1940 escrevi sobre a sua conferência:

•

Há 50 anos, quando viramos república, tudo que vinha da América do Norte era para a nossa admiração e o nosso espanto. E também para a nossa inveja.

---
[1] Artigo publicado em *A Manhã* (Rio de Janeiro), 2 set. 1942.

Invejamos a sorte dos Estados Unidos em terem-se servido de uma colonização superior, de uma religião progressista, de instituições públicas modelares. Tudo que era nosso vinha marcado pela rotina portuguesa, pelos prejuízos do catolicismo. Estávamos, assim, condenados a sofrer um retardamento em nosso crescimento de povo pelas taras vis que trazíamos no sangue e na alma.

Foi quando apareceu um homem que se serviu do panfleto para contrariar todas essas generalizações. Serviu-se ele de um instrumento agressivo: em vez de conversar, gritou, exagerou nos gestos, nas palavras, nos conceitos. Mas em muita coisa falou a verdade nua e crua. Eduardo Prado foi nessa época um homem necessário. Era um homem culto e de bom senso, e que conhecia o Brasil profundamente. É verdade que o seu livro muitas vezes trazia para o debate o que não interessava intimamente ao debate.

O seu grito de alerta, porém, despertou-nos de um sonho, e fez-nos um grande bem. O escritor carregou nas tintas e, levado pela paixão do momento, foi além do que devia. No entanto, teve a coragem de dizer-se orgulhoso da tradição luso-brasileira, de falar sem nojo algum de suas heranças culturais.

Sylvio Romero por esse tempo empenhava-se também, com a exuberância de seu temperamento, pela defesa dessas heranças, tão levianamente desprezadas.

Meio século após, uma outra grande voz de brasileiro se ergue no mesmo sentido. E agora em circunstâncias mais perigosas, com o mundo pegando fogo. A conferência que Gilberto Freyre chamou de *Uma Cultura Ameaçada: a Luso-Brasileira* não tem nada do tom panfletário do livro de Eduardo Prado. É, antes, de uma serenidade de quem se sente com a verdade, de quem fala com os dados na mão. O que ele exprimiu com veemência foi a evidência do perigo. Ele viu que o lobo anda solto e não ficou histericamente pedindo socorro. E não exagerou também a capacidade destruidora do inimigo em fúria. Viu o inimigo, viu-o de perto para não senti-lo invencível, com poderes de um Deus.

Há de fato uma ameaça, possibilidades terríveis de destruição de valores que são a nossa carne e o nosso espírito. Essa realidade sombria ele denuncia com todo vigor e coragem. Não se perdeu em demagogia de nenhuma espécie. Não viu tudo em preto, tudo em vermelho; viu a realidade e nos falou dela como ele sempre fala, com a força e a penetração de quem pensa em profundidade e se exprime como artista. Essa conferência aparece numa hora de desespero, mas sem tremedeiras de voz ou exaltação alvoroçada. O timbre de seu falar é seguro, o sentido do seu conteúdo é claro.

No meio da tempestade, o comando não tremeu a mão.

O Brasil que não a ouviu, precisa lê-la. Lê-la para ter confiança em si, não desesperar de suas forças, e reagir sobretudo contra todo e qualquer imperialismo que pretenda se intrometer "no íntimo de sua vida e no essencial de sua cultura".

•

Dois anos depois os acontecimentos vieram mostrar que a advertência de Gilberto Freyre fora fundada na mais cruel realidade. O nazismo quer nos destruir. Para ele o Brasil é um amontoado de pequenas raças vencidas. A cultura que nós representamos é uma pobre cultura de mestiços doentes. Precisamos mostrar ao lobo ariano que nós temos força e astúcia para caçá-lo, como o bicho selvagem. E que temos uma cultura, a luso-brasileira, capaz de reagir contra o barbarismo de hordas germânicas.

11. PANLUSISMO[1]

Sérgio Buarque de Holanda

Em artigo de jornal publicado há pouco mais de dez anos, Gilberto Freyre traçou dos autores sem livros um retrato sugestivo, cheio de terna compreensão e simpatia. Parecia-lhe então que o livro verdadeiramente capaz de satisfazer e deliciar o puro artista ou o pensador é o que fica para sempre em estado de elaboração no espírito, dócil às alternativas que a experiência íntima vai constantemente propondo.

A tese é defendida com o desprendimento irônico de quem advoga causa própria e de antemão condenada. Mas, de repente, a malícia que envolve toda a argumentação deixa irromper esta frase inesperadamente austera, semelhante a uma confissão há muito recalcada: "Só quando o autor encontra um público capaz de o acompanhar nesse processo de recriação, vale a pena escrever livros".

Depois disso Gilberto Freyre – então simples autor de artigos e *plaquettes* – publicou uma quinzena de volumes e ficou célebre. Sua obra já não é hoje apenas das mais numerosas, como também das mais importantes e fecundas de nossa atual geração de escritores. Sua ação, seu exemplo, foram indiscutivelmente dos principais responsáveis pelo interesse crescente que o estudo da história social e da sociologia vem merecendo entre nós. Não há exagero em dizer-se que o autor encontrou enfim o público estimulante e compreensivo que desejava e que, para usar sua própria expressão, lhe serve de sexo oposto ao espírito.

Não é desses livros, já largamente tratados e debatidos, que me proponho falar agora e sim de dois mais recentes, onde o autor procura fixar, em alguns traços marcantes, o problema das nossas heranças culturais e das influências que tenderam e ainda tendem a enriquecê-las ou a corrompê-las. Entenda-se "culturais", nesse caso, com o timbre especial que a palavra cultura adquiriu entre modernos antropologistas europeus e americanos. Cultura compreendida como o conjunto

---
[1] Reproduzido da obra *Cobra de Vidro*. 2. ed. São Paulo, Perspectiva, 1978, p. 73-83 (Col. Debates, 156). (1. ed., 1944).

global de crenças, ideias, hábitos, normas de vida, valores, processos técnicos, produtos e artefatos, que o indivíduo adquire da sociedade como um legado tradicional e não em consequência de sua própria atividade criadora. Nesse sentido, pelo qual se distingue particularmente do conceito de raça, definindo-se quase por essa distinção, compreende-a também o autor em toda a sua obra.

Já sabíamos até onde é falsa, do ponto de vista rigorosamente científico, a identificação entre raça e cultura. Hoje sabemos que não é somente falsa mas também perigosa. O partido que os imperialismos modernos têm podido tirar da confusão dos dois termos já é bem notório e o próprio Boas, mestre sempre acatado de Gilberto Freyre, previu esse perigo quando há oito anos o denunciou perante um auditório alemão como fonte de futuras dificuldades para o mundo.[2]

Mas a simples afirmação enfática das particularidades culturais seria mais inofensiva? A verdade é que todos os conceitos particularistas têm seu viés polêmico e só subsistem pela presença de particularizações diferentes ou opostas. Isto é tão verdadeiro das sociedades policiadas como das organizações chamadas primitivas. Martius observou a propósito dos nossos índios que quando mencionam o nome de sua tribo fazem-no seguir, com frequência, do nome da tribo inimiga. Como se a existência de cada grupo organizado encontrasse sua própria explicação e justificação na existência do grupo contrário. O conceito de cultura, posto que legítimo, não estaria isento de tais riscos, se colorido por certo profetismo ingênuo, tão generalizado nos dias atuais, ou mesmo por algumas hipóteses sociológicas de caráter acentuadamente especulativo, como as que explicam a sociedade à imagem de um organismo ou recorrem a entidades superindividuais, no gênero da "consciência coletiva" de Durkheim. Nesses casos a ideia converte-se facilmente em ideal e as culturas particulares correm o perigo de se transformarem de objetos de investigação em objetos de culto.

Desse perigo esquiva-se Gilberto Freyre. Seu esforço para a reabilitação da obra colonizadora de Portugal funda-se em estudo sereno e atento, não em uma inclinação sentimental ou emotiva. Os pontos de vista do autor vêm expostos em uma apologia sincera da colonização portuguesa do Brasil.[3] A Palavra apologia e

---

[2] Ver Franz Boas, *Rasse und Kultur*. Iena, 1932.

[3] Giberto Freyre, *Uma Cultura Ameaçada*: a Luso-Brasileira. Recife, 1940.

o próprio título do livro podem soar mal para quem espera uma análise desapaixonada e conscienciosa do problema, de sua significação e de suas consequências. Mas a verdade é que nada destoa aqui das verificações já feitas pelo autor e expressas em trabalhos anteriores. O apologista serve-se do sociólogo não como de uma bagagem incômoda, mas como de um guia prestimoso.

Também não se pode ver na clara intenção polêmica do autor, em face de certos fatores tendentes a deformar nosso estilo tradicional de civilização, um motivo para duvidar de sua objetividade. A própria cultura luso-brasileira ele a reverencia precisamente pelas suas qualidades universalistas, pela sua capacidade de acolher formas dissonantes, acomodando-se a elas ou acomodando-as a si sem com isso perder seu caráter. No esforço colonizador dos portugueses, Gilberto Freyre não vê preocupações de exclusividade biológica, sociológica e mesmo econômica, de "fechar a natureza vegetal e animal dentro de ilhas ou de áreas".

Esses mesmos motivos levam-no a erguer-se contra os exclusivismos étnicos, que no extremo sul pretendem implantar-se à custa dos valores humanos, cristãos e universalistas, peculiares à cultura luso-brasileira. Os sintomas algumas vezes alarmantes que revelam essas forças desintegradoras de nossa unidade cultural são abundantes e bem conhecidos. Um artigo recente publicado em revista norte-americana, onde o prof. Reinhard Maack manifestou seu mau humor contra as leis brasileiras de nacionalização, encontrou entre nós repercussão considerável. O próprio Gilberto Freyre cita-o como expressivo de certa opinião corrente entre alemães e nazistas acerca da colonização germânica no Sul do Brasil.

Em realidade o artigo do conhecido geógrafo não passa, em muitos pontos, de uma compilação de dados e argumentos já apresentados em outros estudos de menos responsabilidade. Em um deles, de autoria do dr. Karlheinrich Oberacker e publicado por uma instituição anexa à Universidade de Marburgo, explica-se por exemplo que a etnia brasileira só conseguiu verdadeiramente impor-se a negros, índios e mestiços porque o baixo grau de cultura dos mesmos não lhes permitia oferecer resistência à lusitanização. Isso porém não ocorre com os descendentes de alemães e italianos, que insistem e com razão – observa – em manter sua individualidade étnica, embora dentro do Estado brasileiro. "Em essência" – diz o dr. Oberacker – "a brasilidade [não sei de outra tradução mais confortável para a palavra *Brasilianertum*] independe da etnia lusa. Se os negros e índios se deixam lusitanizar, isso é de sua conta". [4]

Mesmo em obras mais objetivas, como a do dr. Hans Porzelt sobre o "campônio" alemão no Sul (*Der Deutsche Bauer in Rio Grande do Sul*, Ochsenfurt a. M., 1937), aliás um dos estudos realmente dignos de interesse para quem pretenda conhecer a vida social nas antigas colônias, existem traços dessa concepção que deseja manter os brasileiros de sangue germânico vinculados para sempre à cultura alemã – outros dizem à "nação" alemã – embora leais ao Estado brasileiro. Menos adverso do que muitos ao "lusitanismo" (é bem típica a preocupação que partidários da preservação integral da cultura alemã nos estados do Sul põem em dizer "lusitanizar-se", por exemplo, onde seria mais natural dizer "abrasileirar-se"), o dr. Porzelt explica-nos que os rio-grandenses de origem portuguesa são em grande parte descendentes de colonos açoritas e por conseguinte dos flamengos, que povoaram os Açores em eras remotas. Isso explica a seu ver "a aparência nórdica ou parcialmente nórdica que ainda hoje têm, muitas vezes", os gaúchos autênticos.

Diferente nesse ponto de outros livros puramente sociológicos de Gilberto Freyre, essa obra conclui. E a conclusão não provém de um raciocínio sobreposto às reflexões anteriores do autor; decorre delas naturalmente e sem violência. O corretivo proposto para essas forças negadoras, que deixadas à lei da natureza tornariam o país "simples espaço geométrico, aberto a todas as intransigências étnicas e culturais", está no próprio caráter acolhedor de nossa cultura luso-brasileira. Estimulando a miscigenação, a mistura de raças, o intercurso das culturas, teremos aberto caminho à solução do problema, sem nos afastarmos dos princípios e dos métodos que constituem, segundo o autor, a maior contribuição portuguesa e brasileira para o melhor ajustamento das relações entre os homens.

É interessante assinalar que tal solução indicada pelo autor, como conforme às nossas tradições culturais, é justamente a que em outras terras, mais avessas ao franciscanismo lírico que ele descobre nos portugueses, tem sido sugerida como única verdadeiramente racional. Nos Estados Unidos, por exemplo, à velha teoria que recomendava uma imposição absoluta da cultura tradicional do país ao imigrante ou seu descendente – chamada por sinal teoria prussiana – já procuram os

---

[4] Dr. Karlheinrich Oberacker, *Die Volkspolitische Lage des Deutschtums in Rio Grande do Sul*. Iena, 1936, p. 88-89.

sociólogos mais autorizados substituir a do intercurso cultural mais amplo. Americanizar, para esse ponto de vista, significa oferecer ao imigrante o melhor que a América pode oferecer e reter para a América o melhor que pode oferecer o imigrante. Nada mais de acordo com o espírito da cultura luso-brasileira tal como a explica e interpreta em sua conferência o autor de *Casa-Grande & Senzala*.

Já notei como essa interpretação coincide, por sua vez, com os resultados colhidos por Gilberto Freyre em suas investigações sociológicas e expostos em outras obras. Não irei, é claro, ao ponto de considerar sempre justos e indiscutíveis tais resultados. Quando o autor critica, por exemplo, Sérgio Milliet, pela afirmação de que o português colonizador não se afeiçoa muito ao trabalho da terra, penso que a razão está com Sérgio Milliet, não com Gilberto Freyre. Se contra a mesma afirmação podem invocar-se numerosos casos particulares, não creio que ela deforme arbitrariamente a realidade ou constitua uma generalização mal apoiada. Não faltam indícios de que a atividade dos portugueses, em quase todas as épocas, e *já antes da colonização do Brasil*, se associou antes à mercancia e à milícia do que à agricultura e às artes mecânicas. Em outras palavras, foi bem mais sensível às incitações do espírito de aventura do que às do espírito de trabalho. Se friso esse ponto de vista, já defendido por mim em escrito anterior, não é tanto pelo fato de ser ele expressamente contestado na mesma passagem onde Gilberto Freyre combate a opinião de Sérgio Milliet, mas porque ainda me parece defensável e justo. Contra o desapego dos reinóis à vida rural, contra a circunstância de se abandonarem facilmente às imposições da natureza, de não procurarem mobilizar pelo esforço próprio suas energias produtivas, sempre clamaram, com expressiva uniformidade, os economistas de Portugal.

Se a economia rural chegou alguma vez a ter papel dominante na formação da sociedade portuguesa foi aparentemente durante a primeira dinastia. Isso mesmo observa um historiador contemporâneo, o dr. Veiga Simões, em admirável capítulo da *História da Expansão Portuguesa no Mundo*, onde procura fixar o momento decisivo em que as cidades substituem os campos como centro de gravidade da economia do país. Diz esse historiador:

> Com o "mundo novo" do cronista a economia da terra cede lugar à economia movediça e instável do capital. A Igreja, que assentava o seu império na existência da sociedade rural, e que com as lutas entre o clero e

o poder central dava caráter ao que se tem erradamente chamado *a monarquia agrária*, assistia a um deslocamento da autoridade social em benefício das sociedades mercantes e em seu próprio prejuízo: desde que a cidade se constituíra, o mosteiro cedera-lhe o lugar como fulcro da vida social.

Assim, as origens desse desapego à vida rural não devem ser buscadas apenas em condições especiais, impostas pela própria natureza da atividade colonizadora. Ele já existiria no Reino, e bem antes de se descobrir o Brasil. Terá sucedido em Portugal, durante longo tempo, o mesmo que ocorreu no resto das Espanhas, onde, segundo Menendez Pidal, "*el medio ordinario que para gañar el pan tenía todo caballero español era estabelecerse en tierras de moros*". Lá os mouros, aqui índios e negros, trabalhavam para senhores.

Julgo perfeitamente acertada, por outro lado, a crítica dirigida por Gilberto Freyre à possibilidade de uma explicação racial – no sentido biológico do termo – para o desapego do colonizador português ao trabalho duro e lento da terra. Essa explicação parece admiti-la Sérgio Milliet, quando declara que "talvez primassem os (motivos) de ordem racial, como sugere Sérgio Buarque de Holanda". Peço perdão para dizer que jamais sugeri qualquer explicação racial e houve no caso uma interpretação errônea ou, na melhor hipótese, imprecisa de parte do autor do *Roteiro do Café*. Não vejo realmente como as explicações raciais possam, por si sós, levar a grande coisa no estudo dos fatores culturais.

Analisando o português como povo colonizador por excelência, não se cansa Gilberto Freyre de acentuar, entre seus traços positivos, a tolerância contínua, a constante docilidade a toda sorte de influxos externos, que o impedem de enrijar-se numa estrutura definitiva e perfeita. Por estranha fatalidade, os mesmos elementos que o habilitariam a prolongar-se tão valentemente em outros climas são talvez os que ajudaram a atrofiá-lo na pátria europeia. Sua força foi sua fraqueza.

Essa impermanência, esse abandono de si, podem condizer, em verdade, com as melhores virtudes evangélicas, mas a cidade humana pede alicerces mais vigorosos. Uma robusta afirmação nacional parece mesmo inseparável ainda hoje – e hoje, talvez, mais do que nunca – de certa capacidade de intolerância, de certo fundo de barbárie e de sobranceria agressiva.

Mas toda criação impõe abnegações e sacrifícios. O triunfo do português como povo colonizador vem precisamente das generosas qualidades que teriam provocado seu relativo insucesso como povo europeu. É a conclusão que o problema, tal como o propõe o sociólogo pernambucano em uma série de admiráveis estudos, inspirou recentemente a Almir de Andrade. O autor de *Pátria, Cultura e Civilização* descobre, no português de hoje e de sempre, um mundo flutuante e vago, onde lutam entre si tendências contrastantes. Na música popular, particularmente no fado "de acentos nostálgicos e da saudade sem fim", que lhe parece a melhor criação, a mais típica, a mais feliz da alma portuguesa, reflete-se essa ânsia de caminhos perdidos, essa procura eterna de um ponto de apoio, de uma diretriz e de um ideal inacessíveis.

Lembrando semelhante exemplo poderia Almir de Andrade, curioso que é de história da música, indicar como essa expressão, hoje típica da alma portuguesa, foi originariamente tão nossa como o velho lundum ou o cateretê. O fato parece bem documentado, principalmente depois das eruditas investigações de Mário de Andrade, e já valeu como importante argumento para os portugueses adversários da pobre "canção de vencidos". Um deles, Luiz Moita, declarou que o fado não sendo uma afirmação do valor português na via marítima dos descobrimentos, é antes um fruto dessa expansão: uma consequência do comércio na estrada do Atlântico, "através da qual influímos, sem dúvida, sobre povos exóticos, criando novos núcleos sociais, mas em que fomos também, pelo seu exotismo, influenciados".[5] É a "meiguice brasileira", a "moleza americana" a cantar de torna-viagem na voz chorosa das guitarras saloias. Aqui como em outros pontos, a nação colonizadora, a metrópole, é que foi verdadeiramente a colônia. O que não depõe – muito ao contrário – contra os modos de ver de Gilberto Freyre ou de Almir de Andrade.

O tema do impulso expansionista de Portugal e os resultados muitas vezes negativos que daí lhe advinham em seu território europeu, não tanto pelo desgaste de energias que representava, como por efeito das mesmas forças que o provocavam, retoma-o agora o ensaísta Antônio Sérgio no lúcido prefácio que escreveu para o livro recente de Gilberto Freyre: *O Mundo que o Português Criou*.

---

[5] Luiz Moita, *O Fado: Canção de Vencidos*. Lisboa, 1936, p. 66.

Embora hesitando um pouco ante a tese de que a índole portuguesa se acomoda mal ao gênio da civilização europeia, o autor do prefácio não está longe de suspeitar que os fatores determinantes do êxito do português no Brasil se prendem a alguma insuficiência, a alguma falha de origem. Apenas essa insuficiência não radicaria, a seu ver, em causas psicológicas e sim em razões puramente econômicas. A vocação colonizadora dos portugueses não tinha em si nada de imperial, no sentido heroico e declamatório que pode ter a palavra. O mau condicionamento de seu país para qualquer indústria básica – sobretudo a escassez das chuvas estivais tão prejudicial à lavoura – obrigou-os muito cedo a procurar no mar o equilíbrio econômico que a terra firme lhes regateava. Só assim se explica a notável importância que chegaram a ter o sal e o pescado em sua vida nacional. Observa Antônio Sérgio:

> Desde o princípio fôramos compelidos a recorrer ao mar: porque a terra – mal regada e pobre, e de relevo ingratíssimo no Norte – nunca nos daria suficiência agrícola, nem matérias-primas de cabal importância com que lográssemos manter uma grande indústria.

Foi no Brasil que, segundo sugere, os portugueses vieram encontrar "pela primeira vez" condições de ambiente propícias a um desses gêneros de cultura agrária cujo valor é primordial para a sustentação da vida humana. Gêneros, como tem sido o trigo em qualquer época e como foi particularmente o açúcar em nosso século XVII.

De acordo com tal sugestão, Portugal esteve destinado, desde as origens, a completar-se fora de si mesmo. Seja com o socorro de suas províncias ultramarinas, seja com o fortalecimento dessa "unidade de sentimento e cultura" – unidade transnacional – que constitui hoje o mundo de língua portuguesa. Expandindo-se pelas colônias ou pelo Brasil – principalmente pelo Brasil – é que chegariam a se desenvolver, sem estorvo, todas as virtualidades de sua gente.

Gilberto Freyre não poderia desejar melhor justificação para as ideias que desenvolve ao longo das quatro conferências desse volume. A ação do colonizador português no Brasil, que não teria sacrificado, como a do inglês ou mesmo a do espanhol em outras áreas coloniais da América, as oportunidades de expressão social e de ascensão social dos demais elementos de formação das novas sociedades –

o indígena e o negro –, veio criar entre nós uma civilização "que se conserva até hoje predominantemente portuguesa nos seus motivos mais profundos da vida".

A própria ênfase com que o autor se acostumou a assinalar a importância singular da civilização do açúcar na formação da sociedade brasileira, e que a muitos parecerá exagerada ou pelo menos demasiado exclusivista e parcial, pode apoiar-se bem na interpretação sugerida por Antônio Sérgio. Impedido de exercitar-se francamente na lavoura em seu lar europeu, o português encontraria no Brasil, sobretudo nas terras de massapé do Nordeste e no Recôncavo, onde aplicar cabalmente suas aptidões agrícolas.

É certo que a palavra "agricultura" só se pode aplicar com moderação ao sistema de exploração da terra que prevaleceu nos engenhos de cana e foi a principal base econômica de uma sociedade tão magistralmente desenhada em *Casa-Grande & Senzala*. Nessa exploração a técnica rural europeia só serviu onde pudesse fazer ainda mais destruidores os rudes métodos de que já se valia o indígena em suas plantações. Se ela tornou possível em certos casos uma fixidez sedentária do colono, como atribuir tal sedentariedade a esse zelo amoroso pela terra, peculiar ao homem rústico entre povos agricultores? Em realidade, a lavoura da cana, como se praticou e como ainda se pratica largamente entre nós, aproxima-se, por sua natureza dissipadora, pelo espírito que a anima, quase tanto da mineração quanto da agricultura. Sem braço negro e terra farta – terra para gastar e perder, não para proteger ciosamente – a civilização do açúcar seria irrealizável entre nós.

Não vejo em que ponto esses fatos poderão prejudicar a sugestão inspirada a Antônio Sérgio pelos estudos de Gilberto Freyre. Efetivamente, o colono português, desapegado secularmente da terra e da lavoura, não se reconciliou com elas, no Brasil, senão quando circunstâncias extremamente favoráveis o animaram a tanto. E ainda nesse caso não se pode dizer que tenha havido a mesma concórdia espontânea e desembaraçada que ele pôs, por exemplo, em seus contatos com povos e raças diferentes. Mas se a rigor não foi o trabalho "agrícola", foi sem dúvida o trabalho rural, realizado aliás com as mãos e os pés dos escravos, que permitiu ao português criar, ou antes, improvisar – a precisão é do próprio Gilberto Freyre – valores europeus em nossas regiões tropicais. Foi à sombra desse trabalho e à custa dele que se desenvolveu, em nosso Nordeste, aquela fidalguia tão gulosamente descrita na palestra do King's College, fidalguia de um cavalheirismo às vezes mórbido e até sádico, mas com qualidades aristocráticas sem dúvida brilhantes e aptidões certamente superiores para a vida política, para a atividade militar, para algumas formas de expressão literária e artística mais suaves e até para a diplomacia, para a vida de salão, para o don-juanismo elegante.

Aos fatos econômicos invocados com toda justiça, por Antônio Sérgio, será preciso que se acrescentem motivos psicológicos nada irrelevantes para mostrar por que o português, tendo criado uma sociedade rural como a do Nordeste açucareiro, nunca chegou a fundar entre nós uma verdadeira agricultura, no sentido estrito da palavra.

Explicando o estilo de civilização que o português transplantou para nossos climas, Gilberto Freyre indicou, com boas razões, como ele pode e deve ser defendido, não contra influências que o enriqueçam, mas contra aquelas que tendam a exterminá-lo. Nesse sentido convém lembrar que, fazendo-se intérprete – e apologista – de nossa tradição mais autêntica e respeitável, a luso-brasileira, ele se esquiva prudentemente de formular, em nome dessa tradição, princípios exigentes ou normas compulsórias. Os valores tradicionais só lhe interessam verdadeiramente como força viva e estimulante, não como programa.

12. UMA CULTURA SEMPRE AMEAÇADA[1]

Edson Nery da Fonseca

O acontecimento cuja data foi assinalada por lei como a da Comunicação Luso-Brasileira é assim relatado por uma de suas testemunhas oculares, que citarei no próprio português quinhentista do documento, um português ainda não de todo latinizado pelo Renascimento, ainda em fase de elaboração e constantemente enriquecido sob o impacto dos descobrimentos, que fez de tantos portugueses – como um Camões ou um Fernão Mendes Pinto – ao mesmo tempo autores e atores das epopeias que descreveram:

> Neste dia, a hora de véspera, houvemos vista da terra! Primeiramente dum grande monte, mui alto e redondo; e doutras serras mais baixas ao sul dele; e de terra chã, com grandes arvoredos; ao qual monte alto o capitão pôs o nome de O Monte Pascoal e à terra, a Terra da Vera Cruz.

Podemos todos imaginar o que sentiram Pedro Álvares Cabral e os tripulantes de sua frota naquele entardecer de uma quarta-feira de abril do ano de 1500, quando o sol já quase no ocaso devia transformar as costas ainda virgens da Bahia num esplendor de cores como só as terras tropicais oferecem. Porque enquanto as luzes do sol se apagavam, surgia para todos eles uma luz maior: a "luz de anunciação duma terra e duma nova Humanidade", para citar as palavras de Jaime Cortesão.

Não faço retórica nem uso hipérboles que, aliás, detesto. Está hoje definitivamente provado que embora a expressão *Mundus Novus* tenha sido usada pela primeira vez por Américo Vespúcio, em sua famosa carta – por alguns, aliás, considerada apócrifa –, o conceito que essa expressão encerra foi transmitido ao navegador italiano por tripulantes da armada de Pedro Álvares Cabral.

Podemos imaginar as emoções daquela tarde, mas – santo Deus! – como exprimi-las? *"Between the conception / And the creation / Between the emotion / And the response / Falls the Shadow"* – disse T. S. Eliot em *The Hollow Men*. É a ideia, que

---

[1] Artigo publicado no *Correio Braziliense*, 14 maio 1971, Caderno Cultural, p. 1.

o nosso Augusto dos Anjos via a esbarrar sempre "no mulambo da língua paralítica". Ou como exclamava o tão exclamativo Augusto Frederico Schmidt: "Ah! Não ter de um Ronsard a graça nobre, / A força, a majestade e a suprema poesia!".

Luís de Camões alude, é verdade, à "quarta parte" do mundo novo que nascia com o Brasil em 22 de abril de 1500. Mas Pedro Álvares Cabral não teve a sorte de Vasco da Gama. Sem um poeta da categoria do autor dos *Lusíadas*, o acontecimento ficou reduzido ao já citado trecho da carta de Pero Vaz de Caminha, a quem, aliás, não faltava o gosto pelo exótico, e até por certos detalhes de interesse geográfico, etnográfico, zoológico, botânico e não apenas histórico. Gosto em que ele se revela um verdadeiro tropicalista e precursor, como tal, de um Gabriel Soares de Sousa ou de um Fernão Cardim.

O descobrimento do Brasil é ainda hoje um desafio para poetas que saibam dramatizá-lo – como um Claudel, por exemplo, dramatizou a figura de Colombo –, embora na pintura e na música tenha inspirado as obras-primas que são os murais de Cândido Portinari – um na Fundação Hispânica da Biblioteca do Congresso dos Estados Unidos e outro no Banco Português do Rio de Janeiro – e as suítes para orquestra, solo e coro misto de Heitor Villa-Lobos.

Imagino um encontro desses dois geniais artistas brasileiros, através da transmissão das suítes concomitante com a projeção dos murais. É um encontro que a documentação fonográfica e fotográfica possibilita e daria às comemorações do Dia da Comunidade Luso-Brasileira um caráter mais sugestivo do que o proporcionado por simples palestras. Porque essa comunidade nasceu nos dias imediatos ao do descobrimento, para cuja descrição recorro uma vez mais a Pero Vaz de Caminha:

> E a quinta-feira, pela manhã, fizemos vela e seguimos direitos à terra, indo os navios pequenos adiante, por dezassete, dezasseis, quinze, quatorze, treze, doze, dez e nove braças, até meia légua de terra, onde todos lançamos âncoras em frente à boca de um rio. E chegaríamos a esta ancoragem às dez horas pouco mais ou menos (...)
>
> Então lançamos fora os batéis e esquifes; e vieram logo todos os capitães das naus a esta nau do capitão-mor, onde falaram entre si. E o capitão-mor mandou em terra no batel a Nicolau Coelho para ver aquele rio. E tanto que ele começou de ir para lá, acudiram pela praia homens, quando aos dois,

quando aos três, de maneira que, ao chegar o batel à boca do rio, já ali havia dezoito ou vinte homens.

Eram pardos, todos nus, sem coisa alguma que lhes cobrisse suas vergonhas. Nas mãos traziam arcos com suas setas. Vinham todos rijamente sobre o batel; e Nicolau Coelho lhes fez sinal que pousassem os arcos. E eles os pousaram.

Aí não pôde deles haver fala, nem entendimento de proveito, por o mar quebrar na costa. Deu-lhes somente um barrete vermelho e uma carapuça de linho que levava na cabeça e um sombreiro Preto. Um deles deu-lhe um sombreiro de penas de ave, compridas, com uma copazinha pequena de penas vermelhas e pardas como de papagaio; e outro deu-lhe um ramal grande de continhas brancas, miúdas, que querem parecer de aljaveira, as quais peças creio que o capitão mandou a Vossa Alteza...[2]

Aí está, na descrição desse primeiro encontro de portugueses com os primitivos habitantes do Brasil, o que caracterizaria para sempre a comunidade luso-brasileira: a confraternização em vez da agressividade com que tantos outros europeus enfrentaram povos de culturas diferentes das suas. Não desceram matando índios ou negros em nome de uma interpretação racista da Bíblia, mas confraternizando com eles, de acordo com o verdadeiro espírito do cristianismo, que vê a imagem de Cristo em cada rosto humano, seja preto, pardo, branco ou vermelho. O espírito fraternal. A espiritualidade franciscana, que vai além do humano para enxergar o irmão em tudo o que Deus criou. Não era por acaso que a armada de Pedro Álvares Cabral transportava frades da ordem de São Francisco de Assis.

Pertenço a uma geração que aprendeu nas escolas duas lendas apresentadas como históricas: a do descobrimento do Brasil por um acaso e a do mal que teria representado para nós a colonização portuguesa, simplisticamente comparada a colonizações de outras origens. São duas lendas inspiradas por um só sentimento: o de lusofobia. E baseadas numa hipótese que está longe de ser provada: a do atraso científico de Portugal.

Na própria carta de Pero Vaz de Caminha – publicada pela primeira vez em 1817, na *Corographia Brazilica*, do padre Manoel Aires Casal – encontram-se

---

[2] Obedeço ao texto estabelecido por Jaime Cortesão em *A Carta de Pero Vaz de Caminha*. Rio de Janeiro, Livros de Portugal, 1943. (A grafia foi atualizada para esta edição.)

informações comprobatórias de que os pilotos da frota de Pedro Álvares Cabral estavam conscientes do quanto se haviam afastado para Oeste, pois o que pretendiam era a exploração do Atlântico Meridional, com vistas ao descobrimento de terras dentro dos limites do Tratado de Tordesilhas.

Mais tarde, Duarte Leite – que além de historiador era matemático – fez a demonstração definitiva da intencionalidade do descobrimento, quando combinou a estimativa do caminho percorrido até Porto Seguro com as latitudes arbitradas pelos pilotos e o valor linear que atribuíam ao grau terrestre.

O fato histórico é que todos os descobrimentos – e não apenas o do Brasil – foram frutos de estudos sistemáticos que o Infante D. Henrique procurou estimular na famosa Escola de Sagres. E só o estudo científico da navegação poderia explicar a espantosa epopeia dos descobrimentos, que levou os portugueses a ultrapassarem o Bojador – que era, até 1430, o limite da navegação tropical – chegando ao Senegal, a Cabo Verde, ao Golfo da Guiné, ao Congo, ao Egito, à Arábia, à Pérsia, à Abissínia, ao Madagascar; e voltando-se para a América no início do século XVI, descobrirem o Brasil; e com Fernão de Magalhães – que era um português a serviço de espanhóis – atravessarem pela primeira vez do Atlântico para o Pacífico; e chegando à entrada do Golfo Pérsico, e do Mar Vermelho, atingirem Suez, Diu, Goa, Calicute, Cochin, Ceilão, Meliapor, Malaca, ilhas de Sonda e Molucas, Bornéu, Celebes, Nova Guiné, Sião, Pegu, China, Cochinchina e Macau. E "se mais mundo houvera lá chegara", como escreveu o poeta.

Desfeito o mito do descobrimento acidental do Brasil, surgiu o da mestiçagem como fator supostamente degenerativo. O mundo assistia ao apogeu do nazismo, a cujo serviço biólogos inescrupulosos proclamavam a superioridade da raça ariana. Ressuscitava-se o *Ensaio sobre a Desigualdade das Raças*, do conde de Gobineau, e até um Congresso de Eugenia realizava-se no Brasil, em 1929, para atribuir todos os nossos males às mestiçagens. Como campeões do "melting pot", os portugueses eram responsáveis por tudo.

Enquanto isso um jovem brasileiro de Pernambuco estudava ciências políticas e sociais nos Estados Unidos, aprendendo com modernos antropólogos, como Franz Boas, a diferença fundamental entre raça e cultura. Em 1933 esse brasileiro revolucionaria os estudos sociais em nosso país com um livro no qual, baseado em metodologia rigorosamente científica, colocava a formação do Brasil nos seus devidos termos, valorizando a contribuição lusitana e a participação do índio e do negro. Não se tratava de uma apologia retórica dos portugueses nem de uma valorização romântica dos índios e dos negros, *à la* José de Alencar ou *à la* Castro Alves. Mas de um estudo tão corajosamente imparcial que chegou a ser considerado por muitos como antilusitano e até antibrasileiro. Em Pernambuco, houve até quem propusesse a queima de *Casa-Grande & Senzala* em praça pública.

Sei muito bem que alguns antropólogos e economistas de hoje consideram Gilberto Freyre fora de moda. Nem os santos escapam a preconceitos modernistas. Um dia – conta Otto Maria Carpeaux – alguém entrou numa livraria católica e pediu um livro sobre Santa Teresa. A jovem que o atendeu trouxe um monte de livros sobre Santa Teresinha do Menino Jesus. "Não – disse o freguês – eu queria alguma coisa sobre a grande Santa Teresa de Ávila!". Levantando os ombros, a jovem respondeu: "Sinto muito, mas a grande Santa Teresa já não é moderna".

A moda, hoje em dia, é citar Florestan Fernandes e Celso Furtado. Mas para falar das relações do Brasil com Portugal, creio que todos concordarão ser impossível deixar de citar Gilberto Freyre. Pois deve-se também a ele o primeiro grito de alerta em defesa da cultura luso-brasileira. Cultura ameaçada em certa época – quando assistíamos às sucessivas vitórias do nazismo na Europa, e até no Brasil havia quem falasse no exemplo da juventude hitlerista – "por agentes culturais de imperialismos etnocêntricos, interessados em nos desprestigiar como raça – que qualifica[va]m de 'mestiça', 'inepta', 'corrupta' e como cultura – que desdenha[va]m como rasteiramente inferior à sua".

É um documento – a conferência lida por Gilberto Freyre no Gabinete Português de Leitura do Recife, na tarde de 2 de junho de 1940 e publicada com o título de *Uma Cultura Ameaçada: a Luso-Brasileira* – que devia ser constantemente relido e meditado por todos nós. Porque passado o perigo da vitória do nazismo e desmoralizado o mito racista pela mais categorizada ciência antropológica, o fato é que a cultura luso-brasileira continua ameaçada.

Nosso país caminha para a industrialização libertando-se aos poucos do subdesenvolvimento econômico, mas ainda existem Jeremias a lamentar o termos sido colonizados por lusos e Cassandras a predizer retardatariamente que já seríamos uma grande potência se aqui tivessem predominado colonizadores de outras origens. Sabemos que não é lícito comparar civilizações estabelecidas em espaços geográficos tão diferentes como os da América do Sul com os da América do Norte e os da África. Mas esquecidas, para argumentação, diferenças de solo, de clima e de cultura tão consideráveis, o que devemos perguntar a tais Jeremias e Cassandras é se as civilizações que ingleses, belgas e holandeses estabeleceram na América do Norte e na África podem ser apresentadas como exemplos a uma civilização como a nossa. Civilização que a despeito de todas as suas deficiências, é maior de quantas já foram estabelecidas em terras tropicais.

Antes que os sociólogos nos explicassem tudo isso, Jorge de Lima, com sua intuição de poeta, já havia escrito esta pequena obra-prima que é o poema "Calabar":

   Domingos Fernandes Calabar
     eu te perdoo!
Tu não sabias
decerto o que fazias
    filho cafuz
de sinhá Ângela do Arraial do Bom Jesus.
    Se tu vencesses, Calabar!
    Se em vez de portugueses,
    – Holandeses!?
    Ai de nós!
Ai de nós sem as coisas deliciosas
que em nós moram:
    redes,
    rezas,
    novenas,
    procissões, –
e essa tristeza, Calabar,
e essa alegria danada, que se sente
    subindo, balançando a alma da gente.
    Calabar, tu não sentiste
essa alegria gostosa de ser triste!?

Os teóricos de uma industrialização *à outrance* costumam apontar a cultura de base predominantemente humanística transmitida ao Brasil pelos portugueses como responsável pelo que há de lento em nosso processo de desenvolvimento.

O que esses teóricos não previram foi o crescente declínio da chamada Revolução Industrial, em face da automação. Foi o fim do mundo moderno e o advento de uma civilização pós-moderna ou pós-industrial. Economistas da categoria de um Kenneth Boulding sabem muito bem o valor da cultura humanística na era da automação. Tanto que no seu ensaio sobre *O Significado do Século XX*, o professor de Michigan elogia Portugal e a Espanha por continuarem irredutíveis na sua fidelidade à cultura humanística. Estando o mundo a transformar-se na "aldeia global" de que fala McLuhan, graças à revolução eletrônica e aos meios de comunicação que ela proporciona, passaremos de uma época a outra sem sentirmos as dores da civilização que Patrik Geddes chamou de "paleotécnica".

Embora considerado por alguns como ultrapassado, Gilberto Freyre tem sido, entre nós, talvez o único sociólogo a ocupar-se com os problemas de organização do lazer ou do ócio que a automação vem colocando. Escreve ele em ensaio recente sobre o hispano e o tempo, ensaio tão notável que já foi publicado em várias línguas:

> A automação tende a reabilitar valores hispânicos em geral, e estilos de vida brasileiros, em particular – valores e estilos semiativos, semicontemplativos – e a tornar arcaicos os valores e estilos de vida exclusivamente ativistas: os exaltados, à revelia de quaisquer outros, tanto pelo comunismo ateu como pelo capitalismo calvinista – dois ismos ultrapassados, esgotados, desgastados.

Assim, em vez de aprendermos com os povos superindustrializados, como querem os desenvolvimentistas, lições de organização do trabalho – organização tornada obsoleta pela automação – eles é que virão tomar conosco lições de organização do lazer, pois é destas que a civilização pós-industrial mais necessitará.

A todos eles poderemos então dizer, como Pedro II teria dito a Gobineau, nesta carta imaginada pelo poeta Cassiano Ricardo:

> Enquanto escreves "L'Inégalité des Races"
> uma manhã-de-todos, aqui na América, desabrocha.
> O meu país esculpe Evas cor de azeitona;
> põe ouro em cabelo de índio e céu em olhos de cabrocha.
> ...

Ó caro amigo, e vós também, ó poetas,
filósofos, reformadores, revolucionários, profetas,
que não cessais de proclamar, na vossa inquietação,
que só a bondade salvará o mundo:
Um pouco de Brasil no coração dos homens
não é uma solução? um bem à angústia que vos cansa?
O Brasil ainda é uma ilha – uma enorme ilha verde –
no mapa-múndi da Desesperança.

PARTE 2

OUTROS ENSAIOS DE GILBERTO FREYRE

1. EM TORNO DE UM NOVO CONCEITO DE TROPICALISMO[1]

Ao voltar hoje à Coimbra que em dia remoto conheci com olhos de adolescente, ocorre-me a expressão casuística que alguém inventou para consolo dos homens da minha idade: "mocidade da velhice". Volto na "mocidade da velhice" à velha e sempre moça Coimbra pela qual, adolescente, me apaixonei tão de súbito que nunca ninguém experimentou por uma cidade tão agudo amor à primeira vista.

Vinha de outras universidades e a beca de recém-formado em Columbia era então para mim como um tapete voador que por mágica me transportasse de uma cidade acadêmica a outra. Transportou-me de Columbia a Harvard, de Harvard a Oxford, de Oxford a Estrasburgo, de Estrasburgo a Paris, de Paris a Berlim, de Berlim a Madri, de Madri a Salamanca, de Salamanca a Coimbra, sem que o universitário tivesse então outro cuidado na vida senão o de procurar surpreender com olhos ainda de moço independente das convenções dos homens feitos e ainda livre das responsabilidades dos mestres acabados, não só os valores clássicos guardados à sombra de velhas escolas como, principalmente, as inquietações dos homens novos, espalhados em universidades, reunidos em cafés, organizados em clubes revolucionários, nem sempre alegres à entrada dos *cabarets*, hesitantes à porta das igrejas, dos mosteiros e dos seminários.

Confesso que me desapontou naquele ano já remoto a pouca inquietação que encontrei em Coimbra. Onde estavam os irmãos mais moços de Antero? Os contemporâneos de Péguy? Os camaradas de Otto Braun? Procurei-os entre os estudantes que então conheci, mas quase nenhum pude encontrar, curioso daqueles franceses agitados pela palavra e renovados pelo sacrifício dos Psichari e dos Péguy, daqueles ingleses ainda quentes da influência de Rupert Brooke, daqueles alemães tocados pelo fervor de Otto Braun, daqueles espanhóis influenciados pelo sempre moço Unamuno, daqueles norte-americanos da ansiedade

---

[1] Gilberto Freyre, *Em Torno de um Novo Conceito de Tropicalismo*. Coimbra, Coimbra Ed., 1952. 24 p.

intelectual de Randolph Bourne e de Van Wyck Brooks. Defeito, certamente, mais do cigano de passagem por esta velha Coimbra cheia do pudor de sua inquietação em torno das ideias e transbordante só do seu lirismo, que dos estudantes, então alunos desta Universidade, tantos deles, anos depois, notáveis nas letras, no pensamento, na política, nas ciências portuguesas. O que não deixei de encontrar nos estudantes e nos professores, alguns ainda moços e já sábios, que então conheci, foi a doçura lusitana que em Coimbra sempre tem humanizado o saber dos melhores estudantes e dos melhores sábios: saber noutros centros de estudo, às vezes tão separado da vida a ponto de parecerem as próprias ciências dos homens e das sociedades vivas ramos da mais melancólica e absorvente das arqueológicas.

Recordando meu primeiro contato de cigano de beca – *scholar-gipsy* – com esta doce e materna Coimbra de moços de batinas românticas e de portuguesíssimas ceias, também românticas, de bacalhau e vinho verde, recordo o começo de minha readaptação ao Brasil, depois de longos anos de estudo no estrangeiro: principalmente entre anglo-saxões. Ao voltar ao Brasil por Portugal, foi como se voltasse, desde Portugal, à realidade única de que andava havia anos afastado, mais pelo corpo do que pela alma: a realidade luso-brasileira. Desde aqueles primeiros dias em Coimbra que me senti na verdade restituído de corpo e alma ao Brasil: um Brasil em grande parte formado por esta Coimbra – pelos seus mestres e seus doutores – e não apenas pelos príncipes e homens de Estado de Lisboa e pelos homens bons e maus do Porto ou de Viana.

Coimbra marcou o Brasil de muitas virtudes e – perdoai a irreverência – de alguns defeitos ainda hoje visíveis a olho nu no caráter do brasileiro. Ninguém, com um pouco de saber ou informação sociológica, ousará dizer, do ponto de vista sociológico, onde precisamente acabam as virtudes e começam os defeitos de um povo, de uma instituição ou simplesmente de um reduzido grupo social, seja este uma constelação de sábios ou uma súcia de *gangsters*. Virtudes e defeitos, como quase tudo que concorre para um complexo sociológico, interpenetram-se. Separá-los é quebrar ou despedaçar complexos que só inteiros têm vida ou significado.

De Coimbra é possível que se tenha comunicado ao Brasil, como à Índia, um excesso de academicismo ou um bizantinismo jurídico-literário às vezes prejudicial à formação luso-indiana, como à luso-americana. Mas sem os bacharéis ou doutores de Coimbra não se imagina a vitória esplêndida de latinidade no Oriente que é a Índia Portuguesa, como não se imagina, no Brasil, a igualmente esplêndida unidade de cultura predominantemente latina e lusitana, sobre espaço tão vasto: tão física e socialmente vasto. O bacharel em Direito, formado a princípio só em Coimbra, depois, principalmente, no Recife e em São Paulo mas, ainda aí, à sombra das tradições de Coimbra, teve no Brasil uma função de unificador de cultura e de sociedade em formação, merecedora de estudo especializado e minucioso, que definitivamente a consagre, caracterizando-a. Todo o excesso de academicismo, todo o bacharelismo exagerado, todo o bizantinismo perigosamente retórico é perdoado ao bacharel ou doutor de Coimbra que na Índia como no Brasil antigo e hoje, em África, desempenha através da magistratura, da advocacia, do magistério, das procuradorias, da imprensa, aquela função difícil e, às vezes, até heroica, de unificador de sociedade e de cultura, em terras e entre populações ainda novas ou ainda indecisas. Unificador que valoriza em meios ásperos ou confusos a civilidade, a polidez, a urbanidade, a latinidade, a lusitanidade, contra as soluções simplistas de problemas complexos, oferecidas ou impostas por pioneiros sem muitas letras, nem jurídicas nem, literalmente, literárias; ou por autodidatas, furiosos no seu modo de ser antiacadêmicos.

Mais de uma vez tenho sido elogiado ou criticado pelo que se denomina meu antiacademicismo. É bom que esclareça desta tribuna, gloriosamente acadêmica, que nunca fui antiacadêmico; e que sempre procurei distinguir entre a condição de antiacadêmico – que me repugna tanto quanto a de anticlerical – e a de inacadêmico, que é, afinal, a minha.

Pertenço à família universitária e disto me orgulho. Fiz na Universidade Columbia – a mais cosmopolita das universidades modernas e na época em que tive a fortuna de frequentá-la, o centro mais avançado de estudo de ciências sociais e de direito, com Boas, na cátedra principal de antropologia, Giddings, na de sociologia, Selligman, na de economia, Dewey, na de filosofia social, John Bassett Moore na de direito internacional, Dunning, na de filosofia do direito – as cadeiras essenciais ao mestrado e ao doutorado naquelas ciências, depois de me haver bacharelado na Universidade de Baylor. Frequentei depois dos estudos sistemáticos em Columbia, cursos extraordinários aí e em várias universidades europeias. Segui o curso de Zimmern, de Oxford, de ciência política. Sempre encontrei como estudante, nas universidades, americanas ou europeias, ambiente congenial; e a elas tenho voltado, como professor extraordinário, com o mesmo prazer de quem se sente pessoa de casa, e não estranho, em tal ambiente.

Não sou, em face dessas quase catedrais que são as universidades, nem um *défroqué* que tenha renegado, rasgado, amarfanhado ou desprezado a beca – quase uma segunda pele ou uma segunda natureza, nos homens de formação acadêmica – nem um antiacadêmico que, depois de longos anos de estudos universitários, pretenda fazer-se passar vaidosa e arrogantemente por autodidata, para assim parecer de todo original no seu possível saber e nas audácias do seu pensamento. Honra-me a beca e honram-me as insígnias universitárias que não escondo, embora não as ostente, por não ser acadêmica minha carreira, nem acadêmica minha vocação. Honra-me a formação universitária que me pôs em contato com mestres, tradições ou métodos já apurados de estudo e de investigação: conjunto de valores que dificilmente encontra um indivíduo fora das universidades.

O que desde a adolescência me repugna é a mística ou a superstição brasileira dos títulos decorativamente acadêmicos de tal modo usados e abusados em meu país que, sobre esse uso ou abuso, tem-se constituído quase uma casta, separada dos outros homens não pelo valor ou pela capacidade para as formas mais altas e mais puras de trabalho ou de criação intelectual mas simplesmente pela posse – a posse material, a posse mecânica, a posse por estudo a prazo fixo – de diploma ou de título. Os títulos acadêmicos assim usados é que parecem a alguns de nós, críticos do academicismo exagerado, tão arcaicos, no mundo socialmente democrático em que começamos há anos a viver e no qual a posição de cada homem é marcada pelo trabalho de que é principalmente capaz, como os títulos de nobreza, hoje francamente de sabor etnográfico, não só na América como na própria Europa e até na Ásia: Nehru repele o tratamento de "Pandit". Estamos, na verdade, num mundo em que soa falso tudo que é sugestão de casta ou privilégio social. Define a cada um de nós sua condição de homem de trabalho: não só ao engenheiro a condição de engenheiro, como ao médico a condição de médico, ao advogado a condição de advogado, ao agrônomo a condição de agrônomo, ao professor a condição de professor, ao jornalista a condição de jornalista, ao escritor a condição de escritor. Donde o arcaísmo dos títulos acadêmicos quando deles se abusa ou sob eles se esconde a condição de homem de trabalho do indivíduo de formação universitária.

Ao expressar-me assim não me alisto entre os que confundem ensino universitário com ensino profissional ou ensino prático. Ao contrário: sou dos que pensam, com Ortega y Gasset, que a missão das universidades distancia-se da de escolas puramente dedicadas a formar técnicos ou profissionais para significar formação de elites intelectuais e de líderes. O que não devemos confundir é a formação de tais elites e de tais líderes com a deformação dos filhos de ricos ou semirricos em casta acadêmica: casta a quem os títulos deem privilégios que nem sempre correspondam à capacidade de pensar, de dirigir, de guiar, de esclarecer e de pesquisar dos titulados. Pelo que cada um deve ser conhecido ou designado pelo que principalmente faz ou realmente é e não por título ou diploma, tantas vezes fictício ou apenas decorativo, adquirido em academia.

Daí não me tocar, por exemplo, a designação ilustre de "professor" com que às vezes sou honrado pela imprensa generosa deste país. Professor ou catedrático tenho tido a honra de ser, é certo, de algumas universidades do meu país e do estrangeiro; mas extraordinariamente. Excepcionalmente. Nunca quis ser permanentemente professor ou catedrático de universidade. Sempre senti para a condição permanente de professor a pobreza e mesmo a falta de aptidão ou vocação acadêmica. O que sempre quis ser foi escritor. E escritor é hoje a palavra que me define a condição principal na vida. De escrever é que principalmente vivo. Para escrever é que principalmente vivo. Um malicioso diria que tenho sido professor extraordinário e escritor ordinário. E não deixaria de ser exato na sua classificação, nem mesmo na sua malícia. Apenas o consolo de poder apresentar-me como escritor, mesmo ordinário, nas respostas aos inquéritos oficiais de estatística, representa para mim a realização de um sonho que data da remota meninice. E bem sabeis o gosto que há nos sonhos de meninice realizados pelo adulto.

Escritor quanto possível independente. Independente de compromissos com instituições, partidos, credos, academias e mesmo universidades, embora com estas e com as gerações novas de estudantes sempre em contato e, com seus problemas, sempre preocupado. Alguns dos meus ensaios, tenho-os elaborado em ambiente universitário, revelando a outros indivíduos, empenhados no estudo e no esclarecimento dos mesmos temas, ideias só depois comunicadas ao público. Ouvindo em meios universitários críticas de mestres já velhos e objeções de colegas ainda estudantes é que tenho esboçado algumas das ideias que, reunidas, após, em livros, constituem um começo de tentativa de filosofia de história que, sendo inacadêmica, não é, de modo algum, antiacadêmica nos seus processos de elaboração ou sistematização.

Daí, sentir-me à vontade para neste meio, nobremente universitário, esboçar algumas sugestões em torno de novo conceito de tropicalismo: sugestões das quais talvez resulte um ensaio há anos planeado. A ideia desse ensaio avivou-a recente viagem através de algumas das principais áreas do Ultramar Português, a convite do eminente ministro Sarmento Rodrigues, também ele ligado pela adolescência e pelo estudo a Coimbra. Em contato com essas áreas tropicais, irmãs do Brasil, senti que se esclareceram ou confirmaram em mim algumas já velhas antecipações em torno de novo conceito de tropicalismo, tema que há anos me seduz tanto como a reinterpretação do lusismo, de nacional transferido a plano supranacional.

Na verdade, creio ter encontrado nesta viagem a expressão que me faltava para caracterizar aquele tipo de civilização lusitana que, vitoriosa nos trópicos, constitui hoje toda uma civilização em fase ainda de expansão; e que, embora mal identificada pelo professor Arnold Toynbee, em sua obra monumental sobre as civilizações, é, decerto, entre as civilizações modernas, uma das mais cheias de possibilidades e virtudes. Essa expressão – lusotropical – parece corresponder ao fato de vir a expansão lusitana na África, na Ásia, na América, manifestando evidente pendor, da parte do português, pela aclimação como que voluptuosa e não apenas interessada em áreas tropicais ou em terras quentes. Donde não se poder falar em tropicalismo moderno sem se destacar a ação do português como pioneiro de modernas civilizações tropicais: aquelas em que a valores e sangues tropicais juntam-se, em novas combinações, valores e sangues europeus. O caso da Índia Portuguesa. O caso do Brasil. O caso de províncias portuguesas na África, onde as mesmas combinações, com outras substâncias, mas sob formas sociologicamente iguais às que se encontram na Índia e no Brasil e através de processos sociologicamente idênticos, começam a afirmar-se.

Essa vitória de formas e de processos portugueses de constituição e desenvolvimento de sociedades e culturas – formas predominantemente europeias e cristãs, mas, a seu modo, plurais, isto é, com considerável aproveitamento de valores nativos e considerável tolerância de credos e etiquetas e substâncias acatólicas – veio contribuir para novo conceito de tropicalismo entre os europeus, no meio dos quais tanto se generalizara o preconceito de serem os trópicos de todo inadequados à aclimação ou sobrevivência dos valores um tanto arbitrariamente considerados "civilizados", em oposição aos "primitivos", ou "bárbaros" que seriam todos os não europeus. Principalmente a maioria dos tropicais.

Veio até aos nossos ouvidos – até aos ouvidos dos homens de hoje – o velho conceito de tropicalismo: negação de quanto fosse primor ou excelência de civilização, inclusive de arte, vinda dos trópicos. O que fosse tropical seria necessariamente bárbaro, desordenado, grosseiro, exuberante, derramado, desmedido, agreste. De um sol a doer como fogo nos olhos dos homens só poderia resultar excesso. De uma luz a ferir-nos a vista como se fosse flama só poderia resultar desequilíbrio. De cores a gritarem como loucas só poderia resultar alucinação. O extremo oposto à civilização europeia mais requintada, caracterizada na composição das suas próprias paisagens e não apenas na elaboração das suas obras de arte e de pensamento, nas suas modas de traje e não apenas nos seus estilos de habitação, pelo que se supunha a suprema manifestação de gosto civilizado: a medida, a simetria, a ordem, a suavidade, a *nuance*, a penumbra.

Na segunda metade do século XIX, usou-se e abusou-se na Europa da expressão "tropicalismo" como expressão pejorativa ou depreciativa. A má eloquência era "tropicalismo". "Tropicalismo" a má literatura. "Tropicalismo" a música, a pintura, a arquitetura menos conformadas com as ideias francesas de medida, com os padrões vitorianos de colorido, com os estilos italianos e vienenses de graça ou elegância de expressão ou composição musical.

Mas precisamente dessa época de europeísmo ao mesmo tempo arrogante e cético – arrogante nos seus principais homens de ação e cético quanto à excelência da civilização europeia em alguns dos seus artistas e pensadores mais sutilmente revolucionários – data uma série de tentativas audaciosas de reabilitação, nas artes, de valores tropicais. Ao "pas la couleur, rien que la nuance" dos penumbristas mais violentamente antitropicais correspondeu toda uma voluptuosa e às vezes exagerada afirmação de gosto pelo sol, pela cor e pela luz tropical da parte de pintores ainda mais violentamente corajosos no seu tropicalismo que os devotos da penumbra no seu antitropicalismo ou no seu penumbrismo. Estava iniciada do modo mais visível a reabilitação de valores tropicais. Outras reabilitações se seguiriam com uma crescente e múltipla valorização da cor: a cor das mulheres e dos homens e não apenas a das flores, dos frutos, das árvores, das águas e a dos céus. Valorização sociológica e não apenas estética ou sensual da cor, por valorização sociológica da cor devendo-se compreender aquela que começou a reconhecer nas gentes amarelas, pardas, vermelhas, pretas, por meio de estudos comparados de sociologia das culturas, portadores de valores superiores e não apenas inferiores aos dos brancos ou europeus. Obra de valorização que marcou os começos da moderna etnologia, da moderna sociologia, da moderna antropologia, cujos estudos concorreram com trabalhos de artistas plásticos e audácias experimentais de arquitetos para a valorização do homem e da casa tropicais e não apenas da paisagem e da natureza.

Esse novo conceito de tropicalismo e, ao mesmo tempo, de melanismo – conceito apologético, em oposição ao depreciativo ou pejorativo – assinala a revolta dos europeus menos convencionais à predominância dos chamados valores paleotécnicos em sua vida, sua paisagem e sua cultura. A predominância desses valores acentuara-se com a Revolução Industrial, com a primeira fase de mecanização das indústrias, com a vitória da produção ou da economia carbonífera, burguesa e urbana sobre a rústica e rural. A predominância de tais valores criara tal narcisismo europeu que o não europeu passara a ser considerado fatalmente inferior e desprezível; a cor viva fatalmente inferior à discreta; o vermelho nos trajos, na cor das casas, no ornamento das pessoas, bárbaro, em oposição ao róseo, ao cinzento ou ao azul escuro considerados elegantemente civilizados. O narcisismo europeu da era carbonífera foi, assim, arianista e antimelanista. Inimigo das cores vivas nas coisas e do pardo, do roxo, do vermelho, do preto nas pessoas. E coerente com o seu antimelanismo, foi antitropicalista no sentido de não reconhecer nas populações e culturas tropicais senão populações e culturas inferiores e servis; ancilares das populações e culturas europeias, imperiais, nórdicas.

O novo conceito de tropicalismo, reagindo contra o antigo, seria uma reabilitação também do melanismo, nem todo ele patológico, como viria a demonstrar no século XX a antropologia; nem todo ele característico de diabos ou estigma de anjos maus, como já demonstrara a pintura não só descritiva como interpretativa dos Gauguin, voltada para as mulheres, os homens, os adolescentes de cor como para afirmações de beleza e de ternura humanas senão superiores às de beleza de corpo e de alma dos brancos, a elas iguais em efeitos plásticos e em manifestações de afetividade e de cordialidade através de brilhos de olhar e de doçuras de sorrir, dificilmente encontradas entre brancos e europeus; ou nos habitantes de climas frios, brumosos, cinzentos. Antropologia, sociologia, literatura, pintura, escultura, medicina, agronomia modernas europeias vêm procurando, nos últimos decênios, fixar e interpretar nas gentes, nos usos, nas coisas e nas paisagens tropicais valores humanos e de cultura, não mais como curiosidades etnográficas ou exotismos pitorescos, porém como expressões de desconhecida, ignorada ou desprezada área de sensibilidade e de cultura humanas, das quais o europeu e o moderno têm o que aprender, o que assimilar, o que absorver pelo amor compreensivo e não pela conquista simplista.

Desta atitude moderna de europeus, para os quais "tropicalismo" é palavra com sentido diverso do pejorativo, até há pouco tão corrente entre eles, deve-se considerar pioneiro o grande ensaísta francês com sangue, talvez, português ou raiz lusitana que foi Montaigne. Sua obra tem alguma coisa de introdução a uma sociologia das culturas sob critério rasgadamente moderno, na qual o tropical aparecesse como valor digno de respeito e não apenas como elemento provocador de curiosidade. Mas se, debaixo desse ponto de vista, Montaigne surge quase sozinho das literaturas mais castiçamente europeias, ao seu caso corresponde, na literatura em língua portuguesa, toda uma constelação de precursores do que hoje poderemos denominar tropicalismo positivo, em contraste com o outro e hoje arcaico, o negativo. Dessa constelação destaque-se, como precursor de um exotismo logo alongado num orientalismo e num tropicalismo em que a ideia do exótico desaparece sob a de diferença, mas não inferioridade, de cultura ou de capacidade humana, Fernão Mendes Pinto. Críticos autorizados de hoje chegam a considerá-lo mais humano e mais universal pelo interesse que desperta em todos os homens e não apenas nos portugueses, do que o próprio Camões, talvez demasiadamente nacionalista no seu lusismo e demasiadamente político no seu nacionalismo, embora fosse já um lusismo colorido pela sensibilidade ao trópico e pelo amor à mulher escura.

Mas a Mendes Pinto há que juntar vários outros, estes já definidamente lusotropicais no seu modo amoroso de ver com olhos lusitanos valores dos trópicos: mulheres, homens, animais, plantas, drogas, casas, alimentos, usos. Ver, estudar, descrever, compreender, interpretar, assimilar, adotar, modificar. O caso de Garcia da Orta. O de Gaspar Correia. O de frei Cristóvão de Lisboa. O de Gabriel Soares de Sousa. O de Pero de Magalhães Gândavo. O de Azurara. O de Álvaro Velho. O de Nóbrega. O de Antônio Vieira. O de Pero Vaz de Caminha, autor da carta em que vem descrito, com exemplar lusotropicalismo, o primeiro contato dos portugueses com a terra chamada hoje Brasil: carta que fala das primeiras ameríndias doces e nuas, vistas e admiradas e talvez amadas e fecundadas pelos lusos. Vêm elas aí retratadas como rivais das mulheres mais elegantes da Rua Nova de Lisboa: exaltadas e não humilhadas. Lusotropicalismo do mais puro e do mais amoroso. Pois do português pode-se com exatidão dizer que cedo deixou de ser na cultura um povo exclusivamente europeu para tornar-se a gente lusotropical que continua a ser e que encontrou nos trópicos zonas naturais e congeniais de expansão, ao motivo econômico e ao motivo religioso e político de expansão tendo-se juntado sempre o gosto, ausente noutros europeus expansionistas, de viver, amar, procriar e criar filhos nos trópicos, confraternizando com mulheres, homens e valores tropicais e não apenas explorando os homens, devastando os valores, violando as mulheres das terras conquistadas.

Falam-nos as velhas crônicas portuguesas dos "lançados" em África e noutras terras tropicais. Os lançados em África eram menos lanças do que homens simplesmente homens. Simplesmente de carne. Simplesmente pecadores: um ou outro santo como esse lusotropical típico que foi João de Brito, do qual se diz que chegara a pintar-se de pardo para parecer indiano ou tropical. Menos guerreiros do que portugueses simplesmente portugueses, abrasados pelo gosto de todas as aventuras: as de amor e fazer filhos semiportugueses e semicristãos tanto quanto as de encontrar ouro, marfim, pimenta. Encontraram ouro e marfim, pimenta e drogas. Fecundaram mulheres. Confraternizaram com os homens tropicais. Adotaram muitos dos seus usos e alimentos, alguns dos quais por intermédio principalmente de Portugal ou de lusotropicais, comunicaram-se à Europa ou a europeus do norte: a rede, o bangué, a mandioca, a pimenta, o urucu, o pau-brasil, a seringa. E muito concorreram os portugueses para a divulgação, na Europa, do cachimbo, do leque, do chapéu-de-sol. Valores caracteristicamente tropicais em sua função de harmonizar o homem com o clima quente ou de defender o homem do excesso de sol. Valores que se tornaram lusotropicais através daquela confraternização do lusitano com os trópicos, que desde o século XV tornou-se constante e cotidiana – rotina e não mais aventura – na vida e na cultura portuguesas. Que desde então destacou os portugueses da sua condição de puros ou quase puros europeus para ecológica e sociologicamente integrá-los numa condição nova e única, de povo lusotropical, com responsabilidades, compromissos e problemas extraeuropeus de vida e não apenas de economia; de cultura e não apenas de política. Responsabilidades não à maneira das responsabilidades extraeuropeias dos povos imperiais da Europa, mas de modo todo singular: o tropical fraternalmente inseparável do luso; o extraeuropeu consorte do europeu. Tais as características do que se pode denominar hoje de civilização lusotropical: complexo que, social e culturalmente, inclui o Brasil, todo ele nascido do amor português ao trópico: aos valores tropicais de vida e de cultura na sua plenitude e não apenas aos econômicos, pitorescos e paisagísticos. Amor da parte do português, homem comum, tanto quanto da parte do português, homem superior ou homem de gênio.

Pois enquanto, ainda hoje, o amor completo aos trópicos é, da parte de ingleses, de alemães, de holandeses e até de franceses e italianos, um amor de homens excepcionais e até anormais pela sensualidade, pela santidade ou pelo saber, da parte dos portugueses, há séculos que é um amor de homens simples e comuns e não apenas da parte de artistas, sábios e santos. Da parte de milhares de Antônios e Manuéis, Pedros e Joões, Sousas e Silvas, e não apenas da parte de extraordinários Joões de Brito e Afonsos de Albuquerque. Da parte de homens normais e não apenas da parte de anormais.

Curioso é o contraste entre lançados nórdicos em terras tropicais e lançados lusitanos. Estes quase sempre avantajaram-se àqueles na capacidade de se multiplicarem em filhos mestiços e de espalharem rudimentos de fala portuguesa e de religião cristã: sinal de sua maior aptidão para confraternizarem com a gente tropical. Enquanto ainda hoje, da parte dos nórdicos, os que verdadeiramente têm confraternizado com a gente tropical, aceitando-a como irmã e não como serva, misturando os seus valores europeus de cultura com os da gente dos trópicos, juntando na maior das intimidades, que é a do amor, seus corpos de brancos puros aos corpos pardos, avermelhados, roxos, pretos, morenos, dos tropicais; ainda hoje – retorno à ideia – os europeus do norte com essa capacidade completa de integração na vida e na cultura dos tropicais são, quase sempre, grandes santos como, na realidade, alguns missionários, ou grandes pecadores. Indivíduos excêntricos, excepcionais, anormais. Estéreis uns e outros no seu amor intenso pelas gentes de cor. Vários deles, homossexuais como o extraordinário Lawrence de Arábia, para não falar no tropicalista de viagens apenas voluptuosas pelos trópicos que foi Gide: nórdicos ou norte-europeus com a capacidade, tão aguda no homossexual, de compreensão súbita do exótico, do estranho, do diferente, mas com a incapacidade, igualmente característica do homossexual, para fecundar gostosamente mulheres de cor, para multiplicar-se em filhos numerosos, para perpetuar-se em descendência multicor. Capacidade tão do português nos trópicos. Capacidade de multiplicação em filhos semilusitanos e de perpetuação de valores lusitanos e cristãos em áreas tropicais que, mesmo depois de politicamente separadas de Portugal ou dominadas política e economicamente por outros europeus, continuam animadas pela presença lusitana, tanto na face dos homens como na face das paisagens. Lusotropicalismo à margem do próprio complexo lusotropical de civilização a que já se fez referência. É como se cada terra tropical fecundada por uma só gota de sangue português ou animada por um só salpico de cultura portuguesa fosse uma terra predisposta à florescência daquele complexo lusotropical de civilização.

O que não tem acontecido em outras terras. Noutras terras acontece quase sempre ao português o mesmo que a outros povos. Desaparece ou dissolve-se. O clima frio fá-lo contrair-se, amarfanhar-se, banalizar-se em ex-português. Muda de nome em vez de dar o nome cristão ou de família – os velhos nomes portugueses de Antônio, Manuel, Sousa, Fernandes, Silva, tão espalhados por todas as terras tropicais – até a indivíduos sem o seu sangue, só seus afilhados de batismo e de crisma.

Falo do que tenho visto. Nos meus dias de professor na Universidade Stanford, conheci nos Estados Unidos vários descendentes de portugueses que já não eram portugueses nem nos nomes mas tristonhos ex-portugueses. Não se chamavam João e Francisco porém John e Francis. Não falavam mais português porém só inglês: pressão, bem sei, de uma civilização mais forte que as tropicais em seus instrumentos e técnicas de uniformização de cultura ou de convivência nacional. Mas também incapacidade como que psíquica, do português para continuar gostosamente português em clima frio. A incapacidade que afastou o conquistador português da Terra Nova e da África do Sul para deixá-lo concentrar-se, mais contente da vida e mais natural na sua expansão ultramarina, nas terras e entre as populações mais tropicais e mais quentes da América, da Ásia e da África.

Tropicalismo. Lusotropicalismo. Velha antecipação portuguesa da ideia que hoje se aviva entre nórdicos, homens de estudo e homens de ação, quer na Europa, quer nos Estados Unidos, de que o trópico é espaço fisicamente adequado ao desenvolvimento de civilizações predominantemente europeias em suas formas ou equivalentes das europeias, em sua capacidade de desenvolvimento técnico e intelectual. De que do trópico pode a civilização europeia, hoje em crise, assimilar valores de cultura e de raça que a revigorem para, em novas combinações de formas – tanto formas de homens como de convivência humana – e através de novos portadores dessas combinações, continuar a ser civilização hibridamente vigorosa, viva e criadora; e não curiosidade de museu.

E o que a alguns de nós, homens de estudo brasileiros, que admiramos quase narcisisticamente nos portugueses seu tropicalismo, impressiona hoje é o fato de já não ocupar Portugal o lugar que lhe toca, por direito de nascença e direito de conquista de país líder na ampliação, na modernização e na sistematização de estudos tropicais ou tropicalistas. Neste meu recente contato com o Ultramar Português desapontou-me mais de uma vez a ausência ou fraqueza desses estudos tão necessários ao maior vigor de ação e à maior segurança de realização de iniciativas daqueles que na Ásia e na África põem toda a sua energia, todo o seu espírito público, todo seu gosto bom de aventura, toda sua velha tenacidade ou constância lusitana, no esforço de governar, de administrar, de lavrar, de plantar, de moer, de criar gado, de educar menino, de assimilar indígena, de cristianizar gentio, de moralizar mestiço, de ampliar cidades, de sanear terrenos, de combater pragas, de higienizar serviços de água e de esgotos. Encontrei admiráveis esforços, mas vários deles, isolados. Vários deles, esforços dispersos. Insuficientes os homens de estudo em várias áreas. Insuficientes e às vezes tristonhamente burocráticos os missionários. E dentre os grêmios de cultura só o Centro de Estudos da Guiné me pareceu verdadeiramente integrado na sua missão de congregar homens de especialidades diversas para estudos tropicais sob critério regional.

E resolvi, com o direito de falar claro aos portugueses que me dá o meu já velho amor a Portugal – igual ao meu amor ao Brasil – não descer desta tribuna – a mais alta, a mais nobre, a mais ilustre tribuna a que um homem de estudo pode subir neste país – sem, a propósito de tropicalismo, perguntar um tanto à maneira do vosso Antônio Nobre: "Que é dos homens de estudo de Portugal, onde estão eles que não vão estudar de modo mais intenso os trópicos lusitanos?". Pois o Ultramar Português precisa deles tanto quanto de homens de ação. O Ultramar Português clama por antropólogos, geógrafos, etnógrafos, sociólogos, botânicos, economistas, geólogos, ecólogos que se especializem por áreas, em estudos luso-tropicais. Que dediquem a vida a esses estudos.

Não se compreende que o pioneiro do tropicalismo, em estudos e não apenas em realizações, deixe a outros povos, só agora voltados para os estudos tropicais, o comando desses estudos. Não se compreende que seja publicada em língua francesa, e não na portuguesa, a revista de cultura tropical chamada *Tropique*. Como não se compreende que o ardor missionário, o fervor pela conquista de povos tropicais para o cristianismo, tenha declinado tanto entre os portugueses que, no conflito verdadeiramente dramático que hoje se desenrola em terras africanas em torno das almas dos povos animistas, em fase de rápida desintegração das culturas ancestrais, a energia mais viva seja a islâmica, expressão, aliás, de belas virtudes árabes, parentes das hispânicas.

Todos nós, hispanos, desejamos que se conservem como anteparo ao mau asiatismo e ao mau – não ao bom – americanismo, essas belas virtudes da gente árabe. Mas a todos nós, cristãos e não apenas hispanos, repugna o fato de que a ação missionária islâmica esteja a absorver a expansão ou a energia cristã.

Nessa energia cristã, na Guiné e noutras áreas, é para lamentar que a inteligência e o saber portugueses – outrora tão brilhantes que missionário português era quase sinônimo de sábio português nos trópicos – sejam hoje representados por tão poucos que parece ter-se quase apagado em Portugal a flama inspiradora daquelas missões de estudo dos velhos tempos – de estudo e não apenas de catequese – que eram as católicas, de padres portugueses, alguns com casas inteiras em Coimbra. Orientalistas, tropicalistas, sábios.

A Coimbra toca, talvez, a maior das responsabilidades no movimento universitário de revalorização, de intensificação e de ampliação, já a tardar, dos estudos tropicalistas em Portugal. Movimento que complete o esforço, admirável aliás, da Junta de Investigações e de outros órgãos oficiais consagrados, dentro dos seus limites, ao estudo de assuntos ultramarinos.

São muitas as terras, muitas as populações, muitos os valores, muitas as tradições, muitos os problemas que clamam por aqueles estudos: pela sua sistematização, pela sua intensificação e pela sua ampliação com base universitária e com a adesão, a fé, o fervor da melhor mocidade universitária de Portugal. Os novos homens de estudo portugueses – os de Coimbra em particular – não faltarão, decerto, a esse clamor. O homem da Macedônia será ouvido pelo da Lusitânia.

2. A EXPERIÊNCIA PORTUGUESA NO TRÓPICO AMERICANO[1]

A experiência portuguesa na América é parte de um complexo: a experiência portuguesa nos trópicos. Essa experiência incluiu a princípio só o contato do português com terras africanas; depois também com asiáticos; e, durante séculos, o contato simultâneo desse europeu com regiões quentes do Oriente, da África e da América.

São regiões pelas quais sua predileção se vem manifestando com a aparente força de uma vocação ou predisposição. Mais do que isto: quase com o rigor de uma sistemática de ação, precedida ou acompanhada de estudo senão sempre científico, quase sempre paracientífico, das condições de natureza e de vida nas mesmas regiões e das possibilidades de nelas se desenvolver o esforço lusitano em um meio ou espaço antes ideal, messiânico, desejado ainda que hostil, ou grandemente desfavorável, ao europeu: a atitude – esta última – de quase todos os outros europeus com relação aos trópicos e à sua patologia.

Tendo sido um dos primeiros povos da Europa – talvez o primeiro – a ter contato com a Terra Nova e com o extremo meridional da África do Sul, e havendo, nas suas "bandeiras" transamericanas, chegado ao Peru, atravessando terras frias, o português parece nunca se ter empenhado com o seu melhor fervor em fixar-se em espaços nevoentos ou em adaptar-se a climas mais frios que o de Portugal. Seu clima messiânico ou ideal – a emigração portuguesa para países frios, como os Estados Unidos, tem sido principalmente de açorianos – parece ter sido sempre o mais quente que o de Portugal. Contra os próprios ventos frios da Espanha tem se manifestado muito significativamente seu folclore, juntando-os aos casamentos com espanholas, tidas por mulheres menos ternas que as portuguesas ou as tropicais: "Da Espanha nem bom vento nem bom casamento".

---

[1] Gilberto Freyre, *A Experiência Portuguesa no Trópico Americano*. México, Editorial Cultura, 1957. 29 p.

Por outro lado, o erudito Luís de Camões, n'*Os Lusíadas*, mais de uma vez se torna o intérprete desse gosto da sua gente pelos climas quentes e pelas terras ardentes; e do repúdio português pelas terras frias e pelas regiões nevoentas. Há n'*Os Lusíadas* um evidente pendor da parte do poeta para a idealização de paisagens claras e luminosas: aquelas cujo esplendor melhor se revela em ambientes tropicais. E pela biografia desse grande português, tão típico da sua gente no modo aventuroso de ser ao mesmo tempo fidalgo e homem simples, guerreiro e poeta lírico, letrado e homem de ação, sabe-se que foi indivíduo alvo e louro, muito sensível aos encantos da mulher de cor: encantos a que se têm rendido nos trópicos tantos portugueses assim ruivos como morenos, assim nórdicos como tocados de sangue semita, mesmo quando lhes tem sido dado escolher entre mulheres brancas e pardas; ou entre brancas e amarelas; e até entre brancas e pretas. Preferência notada na Bahia dos primeiros séculos coloniais por viajantes franceses que visitaram a então capital do Brasil.

Esse melanismo talvez seja inseparável do que se possa denominar pantropicalismo do português, isto é, a tendência que a gente lusitana parece vir revelando mais do que qualquer outra da Europa para encontrar em terras ou climas quentes o ambiente ideal para a transeuropeização da sua atividade e até da sua cultura: espécie de paraíso perdido que as descobertas dos séculos XV e XVI lhe permitissem recuperar, a princípio – depois dos primeiros contatos, no tempo do Infante, com a África negra – principalmente, no Oriente; depois do século XVI, principalmente no Brasil, e quase sempre, subsidiariamente, durante essas duas fases, na África negra. Entretanto, desde meados do século XIX a África negra tomaria também cores messiânicas aos olhos de portugueses com a velha fibra pioneira e o antigo gosto por aventuras nos trópicos – inclusive a aventura da evasão, da fuga, naquela época de afrancesamento e de anglicização das elites portuguesas – em revolta contra a proximidade, em que se passou a viver na metrópole, aos excessos mecânicos e aos requintes ao mesmo tempo técnicos, cientificistas e "decadentistas" em arte e literatura, da Europa. Excessos, estes, que seriam duramente ridicularizados por um escritor português de gênio, cuja figura avulta do Portugal da segunda metade do mesmo século XIX com um extraordinário relevo: Eça de Queirós. É que Queirós, sob a aparência de simples diletante em torno de assuntos sociológicos e históricos relacionados com Portugal – os da especialidade do seu amigo e sob alguns aspectos, mestre, Oliveira Martins – fez às vezes, neste particular, obra de analista social arguto, e parece ter sido dos que começaram a compreender, no fim da vida, depois de ele próprio ter sofrido do mal do "francesismo" e um tanto de "anglicismo", haver no passado da sua gente constantes capazes de concorrerem, bem reorientadas e rearticuladas, para um rejuvenescimento português, que se processasse sob um novo sistema de relações dos portugueses modernos com aquele seu passado – com as sugestões mais fortes vindas daquele passado dinâmico: sugestões para contatos viris, másculos, renovadores, de portugueses com os trópicos agrestes como os africanos e os sertanejos do Brasil, antes capazes de avigorar energias europeias que de enfraquecê-las como os famosos contatos com o Oriente civilizado.

Uma dessas sugestões que parece vir evidenciando ou revelando, como que experimentalmente no decorrer dos últimos cinquenta anos, sua validez ou o poder dinâmico de certos mortos influírem sobre os vivos – como acreditava Comte ser tendência sociológica, pelo menos em certas sociedades – está na constância, regularidade e sistematização das relações do Portugal europeu com os Portugais tropicais: relações que garantam ao mesmo Portugal a condição de cultura transeuropeia, sem a qual esta cultura corre o risco de perecer de claustrofobia, isto é, sob a angústia de ser asfixiada ou sufocada pela falta de outro ar, além do europeu. Pois o ar europeu na verdade nunca lhe bastou para a sua vida; e a angústia, o quase desespero que os Eças de Queirós vieram a sentir na segunda metade do século XIX, parece ter decorrido principalmente do considerável afastamento em que se viveu então, intelectualmente, em Portugal, da tradição portuguesa de contato da melhor inteligência lusitana (o infante dom Henrique, Gil Vicente, Camões, Fernão Mendes Pinto, João de Barros, dom João de Castro, Garcia de Orta, Padre Antônio Vieira, Alexandre de Gusmão, Pombal, Lacerda, Garret) com a realidade que alguns vêm chamando ultimamente lusotropical. Isto é, uma realidade constituída pela inseparabilidade dos problemas portugueses de composição étnica e de organização social, das condições portuguesas de existência, dos motivos portugueses de vida, das inspirações mais artística e literalmente válidas para portugueses – de suas bases ou projeções tropicais: o Oriente, a América, a África tropicais, ligadas de modo especialíssimo à experiência transeuropeia dos portugueses. Esta experiência vem do século XV e não poderia ser hoje repudiada sem que Portugal perdesse os seus característicos principais, de uma forma que não ocorreria talvez a nenhum dos outros povos europeus que têm tido possessões ou domínio em áreas tropicais – com exceção, até certo ponto, da Espanha, também muito presa a uma experiência transeuropeia em terras quentes que lhe torna quase impossível viver de todo isolada dessa sua projeção nos trópicos e da projeção dos trópicos senão sobre sua atualidade mais ostensiva, sobre aquela sua intra-história – para usarmos a caracterização de Unamuno – que não é entre espanhóis passado inteiramente morto mas, de alguma maneira, vivo.

Acresce que, se politicamente, Portugal é hoje uma nação separada do Brasil – sua projeção no trópico americano –, sob o aspecto cultural os dois vêm sendo há mais de um século como partes igualmente vivas da mesma realidade lusotropical, ainda em pleno desenvolvimento. Desenvolvimento na América e desenvolvimento na África; e sobrevivência – que aqui só nos interessa sob o puro aspecto cultural – no Oriente. De modo que estamos – ao que parece – diante de um processo de formação de um terceiro homem ou de uma terceira cultura – um homem simbioticamente lusotropical, uma cultura simbioticamente lusotropical – que vem resultando numa realidade ainda inacabada; e que se vem formando por ter o português ido ao extremo, em época decisiva para o seu desenvolvimento extraeuropeu, de ter renunciado, como nenhum outro europeu até hoje, à sua pureza, quer étnica, quer cultural, a favor de formas híbridas de homem e de cultura, das quais vêm participando raças, ambientes e culturas tropicais transeuropeizados pela presença entre eles do mesmo português. Esse português há séculos que não age sozinho como português ido da Europa para os trópicos; mas tem a colaborar com ele, na criação de formas biológica e sociologicamente híbridas – lusotropicais – de homem, de comportamento e de cultura, não só seus descendentes (conservadores e renovadores nos trópicos, da parte lusitana ou hispânica ou europeia daquela etnia e daquela cultura), como europeus de outras origens, integrados no que o processo de transeuropeização tem de essencial. No último caso, a parte étnica do processo vem perdendo toda sua importância sob a ação da parte cultural, que é a que decisivamente tem caracterizado o processo, podendo-se até incluir entre os agentes de expansão de formas lusotropicais de homem e de cultura noutras Áfricas, que não hoje portuguesas, descendentes de escravos africanos que no Brasil adquiriram comportamento e cultura lusotropicais; e que regressando, livres, à África, durante o século XIX, introduziram na mesma África formas lusotropicais de comportamento e de cultura.

De alguns desses casos, deveras interessantes, de presença, ainda hoje, nas Áfricas inglesa e francesa, de formas lusotropicais, desenvolvidas no Brasil, de homem, de comportamento e de cultura, um pesquisador francês, em fraternal colaboração com um colega brasileiro, cujas ideias lhe teriam despertado perspectivas novas na observação de influências europeias na África negra – Pierre Verger – reuniu evidências que confirmam generalizações do mesmo investigador brasileiro voltado há anos, com especial atenção, para o estudo do assunto. São casos de importância considerável por parecer não haver outros, de conservação, na África, de formas de comportamento e cultura semieuropeia, semitropical, num equilíbrio semelhante ao brasileiro – como semelhantes ao brasileiro são outras interpenetrações de raça e culturas europeias com tropicais, características do Oriente e da África portugueses – adquiridas no trópico americano por escravos africanos; e por descendentes desses mesmos escravos resguardadas, até hoje, de dissolução, quer nas culturas africanas, quer nas subeuropeias – francesas ou inglesas – a que ali são admitidos negros africanos civilizados. Se tais formas de cultura e de comportamento vêm por si mesmas – isto é, por espontâneo apego aos valores característicos dessas culturas, da parte de descendentes de antigos escravos africanos no Brasil – resistindo, na África, àquelas absorções, é que parece haver naquelas formas alguma coisa que talvez as torne polivalentes nos trópicos em fases de alteração de vida e de culturas tropicais sob a influência da europeia, pelo fato de exprimirem ou representarem uma integração de valores europeus com tropicais em correspondência com os principais desejos, necessidades, ou solicitações de grupos ou comunidades em fase de transição, da pura tropicalidade à tropicalidade fecundada pela influência ou pela presença europeia.

Essa integração não há evidências de ter sido alcançada nas mesmas circunstâncias nem por ingleses nem por franceses, nem por holandeses, alemães e dinamarqueses, nem sequer por italianos, em seus contatos mais demorados e sistemáticos com populações e culturas tropicais: só por portugueses e, com menor intensidade, mas com igual disposição de ânimo para a vida transeuropeia nos mesmos trópicos como vida normal e capaz das mesmas expressões de cultura que dentro dos confins europeus, por espanhóis. Parece-me igualmente nítida – sociologicamente nítida – essa disposição de ânimo espanhol para o que se pode denominar, com don Mariano Picon-Salas, de "equilíbrio" entre "a destruição" causada pelos mesmos espanhóis no trópico americano e "las adquisiciones nuevas", isto é, o aproveitamento de valores indotropicais por eles realizado. Tais valores foram incorporados, em várias áreas, através da mestiçagem e da assimilação, à cultura espanhola, que assim se expandiu quase tanto como a portuguesa em cultura simbiótica que poderíamos chamar hoje de hispanotropical, como não podemos chamar de cultura anglotropical à da Jamaica ou a das Rodésias; nem de galotropical, a de Martinica ou a do Senegal.

Aqui tocamos no que talvez seja o essencial da diferença entre os dois processos de contato demorado e sistemático dos europeus, desde o século XV, com os trópicos, em geral, e desde o século XVI, com o trópico americano em particular: o processo hispânico – do qual o português se apresenta como a intensificação máxima no sentido, por assim dizer, pantropical, de completar o hispano o seu destino ou a sua missão extraeuropeia de povo ou cultura inquietamente europeia, integrando-se em espaços tropicais não como em espaços de todo hostis à sua raça e à sua cultura mas como em espaços para o português, e mesmo para o espanhol, sob vários aspectos, ideais; e o processo não hispânico, que tem consistido na dominação e exploração de recursos e populações tropicais por europeus de outras origens, aos quais tem faltado – a não ser em indivíduos ou subgrupos excepcionais – o ânimo e gosto pela integração nos trópicos; a disposição confraternizante para com os valores tropicais quer de raça, quer de cultura; o empenho para outra utilização desses valores senão a voluptuosa, a comercial, a econômica, estratégica. Do que há de essencial nessa diferença se apercebeu há um século um historiador mexicano, don Lucas Alaman, cuja apologia de método hispânico de agir no sul do continente americano vem resumida no capítulo segundo do estudo de don Mariano Picon-Salas sobre *"tres siglos de historia cultural hispanoamericana"*, intitulado *De la Conquista a la Independencia*, e publicado também no México em 1944. Para Alaman – resumido pelo historiador venezuelano – o espanhol na América *"a diferencia del ingles, quiso incorporar-se formas indígenas"*, que eram formas – acrescente-se – em sua predominância, tropicais de vida, comportamento, cultura. Sendo assim, enquanto a colonização da América por ingleses teria sido "*mero desplazamiento europeo hacia menas tierras*", o espanhol teria feito brotar na América, "*sobre un subsuelo autoctono primario*", uma cultura nova – a hispano-americana. Hispano-americana segundo a concepção de Alaman em sua *Historia de México* (1849-1852), revivida, quase um século depois, em ensaio magistral, por Picon-Salas; hispanotropical, diríamos hoje, embora com o risco de não incluir na generalização toda a América de colonização espanhola. Mas sem que esse risco importasse em desatenção – da parte dos que pretendemos interpretar as relações dos europeus com os trópicos, sugerindo o contraste da atitude hispânica com a não hispânica, de forma de tal modo sistemática que nos fosse possível falar numa hispanotropicologia e, particularmente, numa lusotropicologia que se especializasse no estudo, na descrição e na tentativa de explicação do que vem sendo o método hispânico e, particularmente o lusitano, de desenvolvimento de populações e culturas nos trópicos, simbióticas em sua maneira especialíssima de realizar íntima e profunda integração dos valores europeus com os tropicais – ao que nos parece um fato: o de que, fora dos espaços tropicais e subtropicais da América, pouco se apresenta, nas próprias áreas de colonização espanhola, de original ou novo como cultura, ou como tipo humano; de novo, de transeuropeu, de extraeuropeu. Daí muito do que na cultura da Argentina ou do Uruguai ou do Chile mais frios se distingue por excelência técnica ou primor intelectual se apresentar como excelência ou primor antes quase europeu subeuropeu que como afirmação transeuropeia ou extraeuropeia – o que de modo algum implica manifestações antieuropeias – de tipo étnico novo pela mestiçagem, ou de configuração cultural nova pela profunda interpenetração entre valores europeus e valores tropicais de cultura.

Em comentário às ideias de Alaman, apologéticas do método espanhol de colonização da América em oposição ao método inglês, o historiador Picon-Salas expõe ideias que coincidem com um critério por mim sugerido, desde 1933, para uma possível interpretação do processo socialmente ecológico de ocupação de áreas tropicais por portugueses, em contraste com o processo, também socialmente ecológico, de ocupação e invasão das mesmas áreas, por europeus de outras origens: coincidência que muito me honra. O ensaísta venezuelano diria hispânico e não apenas português; pois sua tese é precisamente a de que *si los británicos fueron buenos colonizadores cuando, como en la América del Norte, en el Sur de Australia e en Nueva Zelanda encontraron tierras de clima templado donde parecía fácil trasladar los costumbres y el estilo de vida de la metrópoli, no desplegaron igual esfuerzo en sus colonias del trópico. Nunca fueron equiparables las tradiciones de vida europea, de cultura y refinamiento intelectual con que España marcó su huella en Cuba y Puerto Rico con el inferior estilo de factoría que en las mismas aguas del Caribe mantuvo la británica Jamaica.*

E lembra que "*documentadamente ha estudiado este problema el escritor cubano Ramiro Guerra en su valioso libro* Azúcar y Población en las Antillas" – livro, na verdade, capital para os estudos de hispanotropicologia que venham a sistematizar-se em ciência: tão essencial a esses estudos quanto alguns dos brasileiros. É que, ao contrário do espanhol e, principalmente, do português, nos trópicos tanto americanos como asiáticos, o inglês "*prefirió mantenerse al margen de los grupos elógenos, sin otra relación casi con ellos que la de patrón a siervo*". E ainda nos lembra – um tanto apologético da colonização espanhola, por algum tempo vítima de excessos de crítica desfavorável e sociologicamente mal embasada da parte de vários hispano-americanos – o ensaísta venezuelano, não terem saído da "*Jamaica tórrida, buena produtora de ron y de caña de azúcar*" nem um Hostos nem um Rizol que como em Porto Rico e nas Filipinas hispânicas fossem intérpretes de nacionalidades nascentes. E ainda: "*Domesticar la tierra caliente, llevar una cultura urbana hasta los climas mis desapacibles y duros de la América Tropical – Cartagena de Indias, Panamá, Guayaquil etc. – fue una hazaña española, lograda con la pobreza de medios técnicos que existieron entre los siglos XVI y XVII*" (p. 38).

Aliás, a referência que aí se fez aos climas tropicais como, em alguns casos, "*desapacibles y duros*", é contrária à ideia dominante entre europeus do Norte de virem esses climas sempre concorrendo para o amolecimento da energia europeia em áreas quentes em vez de virem por vezes se extremando em desafios a essa energia como no Oriente, na África e na própria América. Quem ainda hoje visita Goa e Moçambique depara com ruínas sem nenhum exagero monumentais de obras em que se exprimiu de modo verdadeiramente grandioso, naquelas épocas tropicais, a energia portuguesa; a qual só foi contrariada de modo considerável naqueles arrojos (nos quais se exprimia o ânimo de permanência ou a vontade de plena integração nos trópicos), pela malária – como, aliás, a energia francesa no Panamá e parece que a alemã em Catucá (no Norte do Brasil). À Venezuela e à Amazônia – trópico americano de clima tropical do pior – se sabe ter chegado com o mesmo vigor a energia hispânica: espanhola, em Barinas, San Carlos, Ospino, Guanare, no alto Orinoco, no Norte Paraguaio; portuguesa no alto Amazonas (onde a engenharia portuguesa levantou em plena selva o Forte do Príncipe da Beira); e também ao centro de Goiás e de Mato Grosso, onde igualmente se fundaram cidades, vilas e lavouras portuguesas, em resposta aos desafios de um clima tido por inumano por outros europeus. Tivesse o português ou o hispano podido se aparelhar científica e tecnicamente, entre os séculos XVI e XVIII, contra a malária, e suas instalações urbanas, e não apenas agrárias, nos trópicos, teriam alcançado, talvez, uma grandeza julgada impossível, em espaços quentes, por outros europeus da mesma época: sempre marginais em seus contatos com os trópicos; transitórios; sem ânimo para, em tais espaços, levantarem igrejas, mosteiros, colégios, palácios, residências – e não apenas fábricas – como os erguidos pelos hispanos, dos quais os espanhóis – excedendo-se neste ponto, aos portugueses – chegaram a erguer ou fundar universidades em plenas áreas tropicais: desdenhosos de quanto mito norte-europeu já circulasse então contra as possibilidades de se desenvolverem em climas quentes as formas mais elevadas de cultura intelectual, moral e artística.

Contemplando a América do Sul, tal como ela viria a apresentar-se no começo do século XX a olhos criticamente norte-europeus, James Bryce chegou a generalizar, como que investido da missão de confirmar, já no século atual, aquela descrença em possibilidades julgadas por muitos norte-europeus tão remotas: *"Climate has told for much in compelling the inhabitants of the colder regions to work hard and enabling those of the hotter to take life easily"*. Pelo que *"the tropical states have on the whole lagged behind the temperate ones..."*[2]

O que não impediria o México e Cuba, a Venezuela, o Brasil, de virem a ultrapassar a Argentina, o Chile e o Uruguai, em afirmações de vigor cultural resultante de integração de energias hispânicas em áreas em grande parte rudemente tropicais nas suas condições de vida. Bryce hoje teria, talvez, que retificar-se a si mesmo; e reconhecer com outros anglo-saxões como o anglo-americano Charles

---

[2] James Bryce, *South America*. Nova York, 1913, p. 431.

Morrow Wilson no livro *The Tropics, World of Tomorrow* (Nova York, 1951), que dos trópicos, hoje habitados por populações mestiças cuja cor – ao contrário da arianização sonhada por alguns arianistas – *"tend to grow darker"* (Wilson, p. 121) muito há que esperar, sob vários aspectos culturais – artísticos, médicos, intelectuais, industriais, agrários – ainda que o esforço humano – em grande parte de mestiços – venha precisando de enfrentar, em áreas como as hispanotropicais, obstáculos imensos: terras ácidas, como em parte considerável do Brasil amazônico, por exemplo; doenças das chamadas tropicais, contrárias tanto ao desenvolvimento humano como ao de animais e vegetais úteis; irregularidades d'águas. Desafios, todos esses, à capacidade dos povos tropicais para vencerem, nos espaços por eles ocupados, obstáculos que, sendo consequências do clima, não são imposições absolutas do mesmo clima, mas problemas de solução possível através de uma ciência e de uma técnica que se libertem das convenções norte-europeias e considerem ecologicamente tais problemas como se apresentam em condições tropicais de vida.

Talvez no desenvolvimento dessas especializações – dessas adaptações de ciência ou técnica norte-europeia ou anglo-americana a condições tropicais de vida – o moderno povo hispanotropical que mais venha avançando em experimentos úteis aos demais povos na mesma situação ecológica e da mesma tradição cultural, seja o brasileiro de formação principalmente lusitana. O que talvez se deva a vir o português possivelmente se compensando de sua inferioridade, em relação ao espanhol, quanto a recursos de instrução academicamente universitária nos trópicos – recursos que madrugaram na América Espanhola – por meio de experimentos extra-acadêmicos que desde o período colonial fizeram de mosteiros como o dos Beneditinos, no Rio de Janeiro, de hortos botânicos como o de Olinda, e de engenhos como o de Muribeca – onde o erudito Morais estudou, ainda na época colonial, alterações sofridas pela língua portuguesa no Brasil – centros de experimentação científica em torno de problemas peculiares aos trópicos: ao Brasil ou à América tropical. Ao desenvolvimento de formas de vida, de economia e de cultura hispânicas e cristãs em espaços tropicais. Tais os experimentos dos Beneditinos no Rio de Janeiro em torno de quais os tipos étnicos – os negros, os cafusos, os mulatos – mais capazes de trabalho eficiente ou de atividade inteligente no Brasil. Ou os experimentos em torno de plantas tropicais capazes de ser utilizadas no tratamento de doenças dominantes no Brasil, rebeldes a remédios europeus. Ou, ainda, aqueles outros em torno de alimentação de homens e animais empregados no trabalho agrário, empreendidos por fazendeiros. Ou – mais ainda – os estudos de José Bonifácio sobre minerais brasileiros: estudos extra-acadêmicos realizados no Brasil que lhe valeram consagração acadêmica na Europa, inclusive o título de doutor que lhe deu acesso à cátedra na Universidade de Coimbra.

Ainda há pouco, depois de visitar a Venezuela, escreveu um brasileiro ilustre que é também um dos homens de hoje que melhor conhecem os problemas sul-americanos de economia, o sr. Assis Chateaubriand (*Diário de Pernambuco*, 28 de julho de 1955), ter verificado basear-se a moderna pecuária venezuelana "em três mananciais brasileiros, melhor utilizados ali que no Brasil, onde o português ou o brasileiro os desenvolveu demonstrando suas virtudes ecológicas: "o capim de Angola, o capim Jaraguá e o gado Gyr". E acrescentava em sua correspondência de Caracas para os *Diários Associados* do Brasil: "Só vendo a lavoura venezuelana em Turen se pode ter ideia do modo como as estações experimentais e o laboratório aqui (na Venezuela) tratam aquelas gramíneas brasileiras. Tanto o Jaraguá como o capim de Planta ou de Angola (esse é aqui chamado em inglês de *Pará grass*) são gramíneas luxuriantes e ricas. Uma e outra são capazes de alimentar grande número de cabeças de gado por hectare". E ainda: "Depois de dezenas de anos de tentativas de formação de uma pecuária nacional com as linhagens bovinas europeias, convenceram-se os zootecnistas venezuelanos de que sem uma percentagem de rusticidade não fora possível obter uma pecuária adaptável às condições locais", isto é, tropicais. Esses zootecnistas "foram buscar a experiência brasileira, ou seja, de um país também tropical, onde depois de se haver tentado tudo em matéria de pecuária, se acabou no zebu cruzado como o padrão de uma pecuária própria para a nossa terra ao invés de uma pecuária europeia ou asiática".

Trata-se de uma das soluções obtidas por ciência ou técnica lusotropical através de meios caracteristicamente lusotropicais de pesquisa ou experimentação extra-acadêmica para problema econômico comum aos trópicos; e dos quais vizinhos hispanotropicais do Brasil como os modernos venezuelanos vêm utilizando às vezes com maior esmero ou perícia do que no próprio país de origem. O ponto, entretanto, a ser fixado aqui é que, entre os portugueses colonizadores dos trópicos, a ausência, nas áreas, quer orientais e africanas, quer americanas, por eles ocupadas, de universidades, não tem necessariamente significado entrave ao desenvolvimento de ciências e técnicas adaptadas à análise e à tentativa de solução de problemas tropicais peculiares a essas áreas; ou às condições tropicais em que têm sido obrigadas a viver instituições ou valores europeus ou boreais, importados ou trazidos pelos portugueses para essas mesmas áreas. Ao contrário: a ausência, sob vários aspectos lamentável, de tais universidades que em áreas lusotropicais teriam sido, como nas de colonização espanhola da América, centros de ciência ou de saber europeu nas suas formas mais ortodoxamente acadêmicas, importou, por outro lado, em favorecer, entre os portugueses estabelecidos nos trópicos, desenvolvimento de audácias experimentais em que, de modo empírico, se considerariam problemas tropicais em toda a sua tropicalidade e se procurariam soluções extra-acadêmicas e extraeuropeias para tais problemas. Audácias que viriam até aos dias já nacionais do Brasil, exprimindo-se, fora ou antes de universidades – as universidades que a América Portuguesa só viria a ter depois de já ostensivamente adulta em sua condição nacional – em experimentos, criações e sistematização científicas de repercussão senão universal, americana. Mesmo sem recordar-se a obra de mineralogista de José Bonifácio de Andrada e Silva, o chamado "patriarca da independência brasileira", e a de filólogo Morais, do *Dicionário*, podem ser sem favor incluídas entre trabalhos americanos coroados por aquela repercussão consagradora, a sistemática jurídica de Teixeira de Freitas, adotada em vários pontos pela Argentina e pelo Chile; as pesquisas de africanologista, especializado no estudo de formas afro-brasileiras de comportamento e de cultura, de Nina Rodrigues; as investigações folclóricas de Sílvio Romero; as indagações antropológicas e antropométricas de Roquette-Pinto; as médicas, de Osvaldo Cruz; os experimentos aeronáuticos de Santos Dumont; os agrários de Manuel Cavalcanti em torno da cana-de-açúcar; os econômicos de "valorização do café", os históricos de Varnhagen, Oliveira Lima, Capistrano de Abreu; as explorações do Brasil central realizadas pelo sertanista-geógrafo Cândido Rondon. Diante do que James Bryce, ao visitar o Brasil em 1911 – quando já iniciados ou realizados todos esses experimentos ou estudos brasileiros, vários deles em torno de assuntos tropicais, americanos, regionais, pela primeira vez considerados como objetividade científica – se acertou, ao lamentar o fato de serem então *"learning and the abstract side of natural science undervalued in a country which has no university, nothing more than faculties for teaching the practical subjects of law, medicine, engineering and agriculture*", foi um tanto leviano ao afirmar dos brasileiros terem "*a quick susceptibility to ideas, like that of Frenchmen or Russians, but have not so far made any great contributions to science, philology, or history*". O que lhe pareceu "*deficiency of a taste for and interest in branches of knowledge not directly practical...*" (Bryce, p. 418).

Ainda mais leviano, neste particular, foi o economista anglo-americano Roger Babson, no seu livro *The Future of South America* (Boston, 1815), ao acolher de "um dos seus amigos" brasileiros a pergunta maliciosa: "*There is something here in the tropics which takes the ginger out of all of us. Did you ever hear of a great inventor, artist, writer, or any other man of real note who did his work in the tropics?*". No Brasil já havia toda uma legião; nos países espanhóis da América tropical, outros tantos. Babson e os seus amigos os ignoravam. Mas já os trópicos hispânicos – principalmente o Brasil – haviam produzido ou continuavam a produzir obras notáveis.

Ao mesmo sentido prático de resolver problemas tropicais de economia, de arquitetura e de convivência humana peculiares às terras onde o português decidiu radicar-se desde os seus primeiros contatos com a Índia – aí iniciou-se, aliás, fora da Europa, por iniciativa de Afonso de Albuquerque, a política dos casamentos mistos, ou lusotropicais – parecem ter obedecido outras das iniciativas do português que lhe dão categoria de pioneiro entre os colonizadores europeus dos trópicos; e pioneiro cujas antecipações se apresentam hoje, consideradas em sua justa perspectiva, como impulsos – ainda em expansão – das relações da Europa, em geral, e não apenas de Portugal, nem somente da Europa Ibérica – com os trópicos; e de umas áreas tropicais com as outras. Do trópico americano com a África, por exemplo; e com o trópico asiático. Para o desenvolvimento de tais relações muito concorreu o sistema de trabalho – o escravo – de que o português, como fundador da moderna agricultura nos trópicos, julgou essencial utilizar-se, seguindo mais o exemplo ou o método árabe de escravidão – e de relações pessoais, patriarcais, familiais, de relações dos senhores com os cativos – que o método impessoal, característico da escravidão industrial ou da semiescravidão praticada por europeus do Norte: o método seguido principalmente por norte-europeu em suas empresas nos trópicos. O que não importa em afirmar-se daquele tipo mais pessoal e menos industrial de escravidão que não implicasse por vezes crueldade da parte dos senhores para com os escravos, do mesmo modo que para com esposas e filhos. Parece, entretanto, ter o sistema pessoal de escravidão seguido, em sociedades hispanotropicais, e particularmente em lusotropicais, por sugestão, talvez, de exemplos árabes, concorrido, de modo por que não concorreu o tipo mais industrial de escravidão ou semiescravidão – mesmo quando requintou-se em não permitir ao patrão castigar o escravo como o senhor ao filho, dentro da disciplina patriarcal – para a integração do africano nas sociedades e culturas hispano e lusotropicais, das quais o mesmo africano se tornaria, com relativa facilidade, participante, a despeito de sua condição de escravo.

À escravidão de que o português se utilizou tão largamente na América, para fundar no Brasil a agricultura moderna nos trópicos, repita-se que o mundo moderno deve uma série de vigorosos impulsos culturais que modificaram quase de repente o antigo sistema de relações entre áreas: não só entre a Europa e o trópico, em geral – acentue-se mais uma vez – como entre áreas tropicais. Áreas que, de outro modo, teriam se conservado menos relacionadas, com prejuízo para as suas populações: para a alimentação, a recreação e o bem-estar dessas populações. O português, empenhando em desenvolver principalmente a lavoura tropical de cana-de-açúcar, concorreu para o desenvolvimento de lavouras então ancilares da de cana de um modo que veio beneficiar populações e economias tropicais, vítimas do seu próprio isolamento ou da sua própria inércia.

O geógrafo inglês professor R. J. Harrison Church, no seu *Modern Colonization* (Londres, 1951), destaca à página 20 ter sido com o fim de alimentar na África escravos a ser enviados para o Brasil, e para a alimentação desses grupos consideráveis de africanos durante a viagem da África para a América, que o português introduziu na África Ocidental "vasto número de plantas novas" ("*a vast number of new plants*"), como – dentre "as mais importantes" – a mandioca, a batata-doce, o milho, o coco, frutas cítricas. As laranjas, provavelmente vindas diretamente de Portugal. Mais tarde – acrescente-se ao professor Church – o cacau. Fosse qual fosse o motivo para a introdução de tão valiosas plantas alimentares da América tropical na África – introdução a que correspondeu a transplantação de vegetais da África e da Ásia tropicais, e não apenas da Europa temperada para as terras quentes da América, como a mangueira, a jaqueira, a caneleira, a fruta-pão, coco da Índia – o certo é que a ação do português como modificador da ecologia vegetal da África, da América, da própria Índia – onde introduziu o cajueiro, em benefício de populações humanas e animais e de economias e culturas, vítimas algumas delas da escassez ou penúria de alimentos, foi talvez o movimento mais considerável no sentido da modificação – modificação dirigida – de distribuição intratropical de vegetais úteis ao homem.

Ao mesmo tempo parece caber ao português o mérito de ter sido, com o espanhol e talvez mais que o espanhol, o europeu que pioneiramente levou dos trópicos para a Europa maior número de valores e técnicas capazes de alterar a vida, a economia, a cultura europeias, no sentido de sua tropicalização: processo que vem até aos nossos dias, exprimindo-se na própria modificação do trajo europeu de verão – o moderno *slack*, por exemplo. Essa modificação, realizada pioneiramente pelo português na Índia, valeu-lhe a crítica de ingleses para os quais a dignidade imperial dos europeus nos trópicos não devia implicar alteração do seu trajo no sentido de sua adaptação a condições tropicais: a atitude portuguesa no Oriente segundo reparos de viajantes europeus não portugueses que visitaram então aquelas áreas orientais marcadas pela presença de portugueses residentes do trópico asiático e não transientes dele, à maneira de outros europeus. Tanto que à adaptação do trajo às condições tropicais os portugueses juntaram ali o gosto pela construção de igrejas, mosteiros, residências sólidas, em cuja arquitetura também começou a exprimir-se o desejo de combinar valores e técnicas ibéricas com valores e técnicas orientais ou tropicais de construção. Várias dessas combinações, simbioticamente lusotropicais realizadas como que experimentalmente na Índia – e mesmo assim de forma às vezes monumental – o português trouxe-as para o trópico americano, onde elas, com aspecto menos pomposo, talvez, mas igualmente sólido, se tornariam parte de toda uma sistemática de ocupação europeia do trópico com objetivos de residência, de permanência, de estabilidade. A casa-grande de residência senhorial do senhor de engenho no Brasil tropical, foi – pensamos alguns – a principal das expressões desse objetivo ou desejo português de permanência no trópico americano; ou de simbiose lusotropical na América.

A generalização do professor Church, de que *"although white settlers have affected the pattern of many tropical colonies, it remains true that most colonization is by association and is economic in character"*, não se aplica ao que vem sendo o processo português de transeuropeização dos trópicos, e, ao mesmo tempo, de tropicalização dos europeus e dos seus descendentes fixados nos mesmos trópicos;

e também da própria cultura matriz portuguesa enraizada na Europa e de culturas europeias com elas mais relacionadas, através de meios de convivência intraeuropeia. Todas essas culturas têm sido afetadas pela tropicalização do português nos seus gostos de vida e nos seus estilos de vida: inclusive, o gosto pelo maior uso de roupa íntima, de algodão ou tecidos tropicais, camisas, ceroulas etc. – que parece datar dos primeiros contatos do português com o Oriente tropical, embora o inglês pretenda ter sido o introdutor do pijama no moderno vestuário doméstico de sabor europeu. Da rede – da rede característica do trópico americano – o português parece ter sido o principal propagador na Europa e na África e noutras áreas tropicais que a desconheciam.

Note-se, aliás, que o professor Church admite entre as exceções à sua afirmativa de vir a colonização tropical sendo, em sua maior parte, apenas *"by association"* e simplesmente *"economic in character"*, o caso, na verdade extraordinário para ter-se verificado em parte ou região já civilizada do Oriente tropical, de Goa, que destaca ser caracterizada por *"considerable intermarriage"* – resultado, como se sabe, de política planeada, dirigida e inaugurada por Afonso de Albuquerque há quatro séculos – por um *"esprit"* no qual ainda hoje se reflete o antigo fervor missionário que animou os primeiros contatos do português tanto quanto os do espanhol com os trópicos, juntando ao "caráter econômico" da colonização dessas áreas impulsos culturais e psíquicos de outra natureza. Daí o desenvolvimento de Goa num complexo que o geógrafo inglês reconhece refletir os característicos tanto de europeus como de orientais: *"which reflects the characteristics of both peoples"* (Church, p. 61).

Outro não tem sido o sentido do desenvolvimento do Brasil, complexo, hoje, de ecologia e de cultura lusotropicais, em que se juntam a contribuições e característicos europeus, até agora os decisivos, os de duas fortes culturas e populações tropicais: a ameríndia e a africana. Enquanto nas modernas províncias da África portuguesa o complexo lusotropical – simbiose sociocultural ou etnocultural e não simples "associação" de puro "caráter econômico" – vem se constituindo de modo a refletir característicos africanos e, em algumas áreas, também, indianos, de cultura e de composição étnica, justamente com os europeus; e todos dentro de configuração até o momento decisivamente – decisivamente e não exclusivamente – europeia e cristã, de cultura. Cultura, é claro, no sentido sociológico. Isto a despeito de esse processo simbiótico vir sendo perturbado por vezes, em áreas como Moçambique, pelo contágio de suas populações brancas com as populações intransigentemente europeias das Rodésias e da África do Sul; e também em Angola, em subáreas de exceção, como a constituída pela poderosa Companhia de Diamantes, cujos líderes portugueses parecem ser adeptos da política belga ou inglesa de "associação" com "segregação" dentro de objetivos quase exclusivamente econômicos de ocupação ou exploração dos trópicos por europeus.

Embora ainda se discuta o problema biossocial de ser ou não possível a brancos permanecerem nos trópicos, como residentes depois da terceira geração, o português vem se fixando em áreas tropicais com objetivos de permanência e pondo-se em harmonia com os ambientes extraeuropeus aí encontrados, sem preocupar-se – a não ser por exceção: quando procura imitar nórdicos ou sofre a pressão de nórdicos sobre o seu comportamento – com a sua pureza étnica *per se*. Entretanto em alguns casos a ocupação lusitana das mesmas áreas tem assumido desde o século XVI caráter aristocrático, como na Índia e em Pernambuco, por exemplo. Mas aristocracia antes de família ou de casta familial, constituída pela endogamia, que étnica ou preocupada com a pureza absoluta de sangue europeu. Ao contrário: animada desde os seus começos de tendências para a idealização de casamentos mistos, lusotropicais, sempre que representado o *stock* tropical por expressões de nobreza ou de equivalentes de nobreza europeia: filhas de caciques ameríndios intituladas princesas, por exemplo. Guerreiros também ameríndios enobrecidos com títulos de "capitães" ou "alferes".

Há quem pense, como Ilse Schividetzky, em seu estudo *Grundzüge der Völkerbiologie* (traduzido do alemão ao espanhol por Heriberto F. March sob o título de *Etnobiología – Bases para el Estudio Biológico de los Pueblos y el Desarrollo de las Sociedades*, México, 1955), que há limites naturais para a expansão do homem do norte da Europa, ao qual seria quase impossível a estabilização em massa nos trópicos (p. 121). O impaludismo viria agindo como um dos impedimentos por assim dizer ecológicos a essa estabilização de determinado tipo etnobiológico de homem em espaço ou área tropical; e a favor de outros, desde que parece hoje a alguns especialistas médicos que "a pigmentação da pele" não é estranha à "resistência a esta enfermidade", antes se mostra "diretamente relacionada" com ela. O português, em particular, como o hispano, em geral, por serem Portugal e as outras Espanhas, em parte considerável de sua população, gente morena, penetrada de sangue judeu e principalmente mouro, viria oferecendo maior resistência ao impaludismo tropical que outros europeus desejosos de se estabelecerem em espaços tropicais; e por esse critério se explicaria até certo ponto seu sucesso de estabilização em tais regiões. Além do que, para a resistência a doenças tropicais possivelmente correlacionadas com a pigmentação, estaria o português sendo auxiliado pelo seu gosto pelo casamento com mulher de cor, criador de híbridos lusotropicais que já parecem constituir um tipo especificamente biocultural em sua figura, seu comportamento, sua cultura. É ainda Schividetzky que (p. 281), no seu mesmo ensaio, *Etnobiología*, destaca dos europeus do Norte não parecerem sentir repugnância – isto é, repugnância física – pelas mulheres de cor: de outro modo não se teriam produzido populações mestiças na África do Sul e na Indonésia. O que lhes tem repugnado – ponto por mim salientado em ensaio publicado no Rio de Janeiro em sua primeira edição em 1933 – é a união legítima com tais mulheres, "o matrimônio seguido de todas as suas consequências biológicas e, principalmente, com propósitos de convivência permanente". Foi assim – reconhece Schividetzky – que "os colonizadores espanhóis e portugueses deram entrada em seus conjuntos étnicos a grandes massas de mestiços, admitindo-os em seu círculo de procriação: isto deu origem à formação de povos por completo novos".

Não me parece perfeita a expressão "por completo novos", com ênfase em "por completo", dado o fato de virem tais mestiços nas áreas tropicais de formação hispânica, em geral, e portuguesa, em particular, conservando no físico, no comportamento e na cultura – inclusive na dança, na música, na culinária – característicos tanto europeus como tropicais de populações e culturas maternas. O que neles é novo é o seu modo simbiótico de juntarem tais característicos como em Goa, por exemplo; ou em Salvador da Bahia; ou em Belém do Pará; ou na Ilha de Moçambique; ou nas de Cabo Verde.

Que nesse modo simbiótico de criar o hispano no trópico novo tipo de homem – principalmente de mulher – de comportamento, de cultura, o português vem se mostrando mais intenso na expressão ou realização do mesmo processo biossocialmente simbiótico, é sugestão que decorre das minhas tentativas de reinterpretação da experiência do luso no trópico como intensificação de experiência ou da sistemática hispânica; e não como negação dessa sistemática em qualquer ponto essencial; ou diversificação dela sob aspecto decisivo.

A intensificação de processo, porém, tem sido tal, da parte do português estabelecido nos trópicos, que parece autorizar-nos a particularizar o esforço lusitano nos mesmos trópicos e as realizações ou criações decorrentes dele, sob uma unidade menos de formas que de objetivos – o do estabelecimento da civilização cristã nos trópicos – que falta aos esforços espanhóis. Aliás, em meu modo de considerar o assunto – no relevo dado à unidade cristocêntrica do esforço português nos trópicos – já sugeriu eminente historiador mexicano especializado no estudo da colonização das Américas pelo espanhol, o professor Silvio Zavala, que talvez ressurja remota tendência manifestada por um jesuíta francês do princípio do século XVIII, o padre J. L. Lafitau, em sua *Histoire des Découvertes et Conquêtes de Portugais dans le Nouveau Monde*, publicada em Paris em 1733: esquecida obra de que foi o professor Zavala o revelador, ao resumir as ideias do jesuíta no excelente livro *América en el Espíritu Francés del Siglo XVIII*, aparecido no México em 1949. Não me parece que haja semelhança senão aparente nos dois critérios; e do próprio professor Zavala é o reparo de que Lafitau, propondo-se "*a tratar en conjunto de la expansión portuguesa en Asia, África y América, de suerte que las historias de Brasil, Etiopía, Molucas, las classifica como 'morceaux detachés'*", segue "antecedentes portugueses". Esses antecedentes portugueses – e não a obra do padre francês – terão vagamente concorrido para a ideia brasileira, esboçada no livro *O Mundo que o Português Criou*, de virem as áreas tropicais de formação portuguesa constituindo uma "federação de cultura"; e essa federação – traço que supomos ter sido o primeiro a destacar – antes sociologicamente cristocêntrica – a ponto de o português ter se tornado conhecido de várias populações orientais como "cristão", e a língua portuguesa como língua cristã – do que etnocêntrica.

O mérito do livro de Lafitau sobre o esforço português consiste em, como obra de jesuíta numa época, como acentua o professor Zavala, de atuação simultânea dos jesuítas nos domínios coloniais da Espanha, Portugal e França – situação que lhes permitiu "*una visión internacional por encima de los puntos de vista engendrados por las rivalidades entre las potencias europeas*" – destacar na obra de um Portugal no século XVIII, já decadente, virtudes que vinham sendo esquecidas sob a glorificação quase exclusiva de conquistas talvez mais dramáticas, porém não mais importantes que as suas, como a do México e a do Peru, pelos espanhóis. Para Lafitau – resumido pelo professor Zavala – as "conquistas espanholas" – refere-se evidentemente às que se verificaram nos trópicos – "eram inferiores às portuguesas em muitos respeitos, animadas estas por uma diversidade no caráter das pessoas e nas formas dos acontecimentos que lhe pareciam faltar às espanholas". O professor Zavala resume as conclusões do jesuíta francês do século XVIII, sobre a obra portuguesa que o jesuíta chamava o "Novo Mundo" e que para Lafitau compreendia as Índias Orientais, compreendendo na verdade, ao que parece, todos os domínios dos portugueses. Destaca-se dessas conclusões a admiração de Lafitau por aquela atividade realizada, segundo o jesuíta, com "trabalhos imensos, perigos inúmeros, ações de valor surpreendente e às vezes incrível, domando e subjugando nações numerosas, humilhando os reis mais soberbos e levando a toda parte a fé de Jesus Cristo, sob o amparo dos seus descobrimentos e progressos...". Fervor apologético, talvez em excesso. Mas não deixa de ser significativo esse ânimo apologético, com relação aos portugueses e à sua obra nos trópicos, vindo não apenas de um francês, mas de um jesuíta com a "visão internacional" das atividades europeias nos trópicos: "visão internacional" destacada pelo professor Zavala. Em Lafitau parece ter se antecipado a moderna tendência mais para reabilitar que para exaltar tais atividades, em vez de se glorificarem apenas em nórdicos como o conde Maurício de Nassau a importância de suas contribuições para o desenvolvimento do Brasil em complexa civilização tropical. Civilização que alguns dos intérpretes atuais de sua formação histórica destacam ser antes sociologicamente cristocêntrica que etnocêntrica em seu modo de ser civilização; e à qual contribuições não portuguesas de étnica e de cultura podem continuar a enriquecer – entendem os mesmos intérpretes – de maneira valiosa, sem lhe comprometerem a unidade de formas básicas. Essa unidade de formas básicas é que vem tornando possível o desenvolvimento da hoje chamada civilização lusotropical em diferentes áreas e naqueles aspectos em que mais tem se afirmado sua originalidade.

E se é certo, como pretende o anglo-americano Marston Bates, em seu *Where Winter Never Comes – A Study of Man and Nature in the Tropics* (Nova York, 1952), que a cultura latino-americana vem se apresentando mais interessante naquelas áreas e naqueles aspectos em que mais tem divergido da típica cultura ocidental ou europeia – como na parte mexicana (p. 93) – também parece ser exato da cultura ou civilização que se possa chamar, hoje, lusotropical, que a sua virtude parece estar cada vez mais na sua capacidade de divergir da civilização europeia ou ibérica ou portuguesa, sem negá-la, contrariá-la ou combatê-la, mas tornando-a mais simbiótica com as diversas culturas tropicais a que se tem juntado. O fato de o trópico ser sob vários aspectos essenciais, naturais, ecológicos, senão o mesmo, quase o mesmo, quer se trate do Oriente, da África ou da América, e da atitude portuguesa diante desses vários trópicos – de sua natureza, de suas populações e de suas culturas – vir sendo quase a mesma em seu ânimo confraternizante, é que explica a unidade de formas básicas característica de uma civilização dispersa em vários continentes; cercada de vizinhos diversos; contrariada por inimigos, dos chamados geopolíticos, também diversos. Mas sempre a mesma na sua constância de ocupar espaços tropicais não procurando submetê-los étnica, social e culturalmente à Europa ou a Portugal de modo absoluto mas através de contemporizações étnicas, sociais e culturais, de que vêm resultando simbioses e não apenas associações de europeus com tropicais.

CONCLUSÃO

A experiência portuguesa na América é parte de um complexo: a experiência portuguesa nos trópicos. Ela vem obedecendo à tendência talvez mais acentuada no português, do que em qualquer outro povo europeu, para encontrar em terras quentes, povoadas por mulheres de cor, uma espécie de área messiânica e uma espécie de mulher sexualmente ideal.

A experiência portuguesa, contudo, se assemelha à espanhola na América tropical. Os espanhóis souberam nesta parte do mundo, ao contrário de outros europeus e superados apenas neste particular pelos portugueses, assimilar populações tropicais e formas tropicais de cultura, criando, através dessa civilização, com novas formas de homem, novas formas de cultura, predominantemente espanholas, mas de modo algum exclusivamente espanholas em seus característicos. O português na América tropical, como no Oriente, extremou-se nessas aventuras de criação de formas de cultura mistas, com a predominância do elemento europeu e cristão apenas nos traços decisivos; e dessas aventuras é que resultaram sínteses como a de Goa e como a do Brasil, às quais se vão acrescentando novas sínteses em formação na África.

Essas aventuras, no sentido de sínteses étnicas e culturais a um tempo, nem sempre se vêm realizando em áreas tropicais animadas pela presença portuguesa, como simples aventuras, quando muito intuitivas ou "instintivas". Elas vêm sendo orientadas em vários casos por experimentos de caráter científico ou quase científico, não só em relação às uniões sexuais de europeus com populações tropicais, como com relação à utilização de substâncias tropicais dentro de formas europeias de agricultura, culinária, criação de animais. Pode-se assim falar numa sistemática lusotropical de ocupação portuguesa de terras quentes e de confraternização portuguesa com populações e culturas tropicais, sem sacrifício para valores essenciais de civilização europeia e de ética cristã. O valor de alguns desses experimentos vem sendo reconhecido por outros povos de origem europeia, hoje constituídos em nações em áreas tropicais. Tanto assim que alguns desses povos vêm recorrendo a exemplos brasileiros – ou lusotropicais – para a consolidação, nessas outras áreas, de empresas agrárias, estabelecimentos industriais e de pecuária, em larga escala, e também de tipos de habitação ou de arquitetura correspondentes ao mesmo tempo a exigências de civilização europeia e de condições tropicais de clima e vegetação. O mesmo é certo quanto a alguns experimentos brasileiros ou lusotropicais no sentido de sínteses de alimentação, vestuário, farmacopeia, dormida (a estilização da rede em móveis funcionais modernos), jardinagem-paisagística etc.

(Recife)

3. INTEGRAÇÃO DE RAÇAS AUTÓCTONES E DE CULTURAS DIFERENTES DA EUROPEIA NA COMUNIDADE LUSOTROPICAL – ASPECTOS GERAIS DE UM PROCESSO[1]

Integração significa, em moderna linguagem especificamente sociológica, aquele processo social que tende a harmonizar e unificar unidades diversas ou em conflito, sejam essas unidades elementos de personalidade desgarrados ou desintegrados – assunto mais psiquiátrico que sociológico –, indivíduos com relação a outros indivíduos ou a grupos, grupos com relação a outros grupos. Integrar quer dizer, na mesma linguagem especificamente sociológica, unir entidades separadas num todo coeso, um tanto diferente da pura soma das suas partes, como se verifica quando tribos ou estados e até nações diferentes passam a fazer de tal modo parte de um conjunto, seja nacional ou transnacional, que dessa participação resulta uma cultura senão homogênea, com tendência a homogênea, formada por traços mutuamente adaptados – ou adaptáveis – uns aos outros. Assim compreendida, a integração contrasta com a subjugação de uma minoria por uma maioria; ou – pode-se acrescentar – de uma maioria por uma minoria, contrastando também com a própria assimilação.

Sirvo-me, em grande parte, nestas considerações iniciais sobre um processo hoje tão em foco – com a crise franco-africana, principalmente –, de definições, já clássicas, de Watson e de Coyle, consagradas pelo professor Henry Pratt Fairchild no seu *Dictionary of Sociology*. Em grande parte, porque, ao apresentá-las, apresento-as acrescentando-lhes palavras em que se refletem, sendo conclusões,

---

[1] Gilberto Freyre, "Integração das Raças Autóctones e de Culturas Diferentes da Europeia na Comunidade Lusotropical: Aspectos Gerais de um Processo". In: Congresso Internacional de História dos Descobrimentos, Lisboa, 1961. 15 p.

sugestões derivadas de um já longo estudo pessoal dos mesmos processos, no qual a matéria principal de observação vem sendo, em relação a grupos não europeus e a culturas não europeias, a hispânica e, dentro dessa particularização, especialmente a portuguesa em relação com os mesmos povos e com as mesmas culturas.

Assim qualificadas as expressões "integração", "assimilação", "subjugação", vê-se que, no sistema de relações do português com grupos não europeus e com culturas não europeias, embora se tenha verificado por vezes, na história dessas relações, subjugação da mais crua de não europeus por portugueses – que o diga o exemplo do "Albuquerque terrível" – e, outras tantas vezes, assimilação da mais intencionalmente absorvente – do que é exemplo, ainda hoje, a quase glorificação, no direito ultramarino de Portugal, da figura do "assimilado" –, a tendência mais característica do mesmo sistema vem sendo no sentido da "integração". Integração perturbada, quer no Oriente, quer noutras áreas de contato do português com não europeus, por essas duas tendências, sem que, entretanto, em nenhuma área das mais importantes ou em nenhuma fase das mais expressivas da expansão lusitana em espaços não europeus, essa perturbação tenha ido ao extremo de tornar o método de subjugação violenta de povos estranhos ou de sistemática assimilação de culturas exóticas a constante no sistema das relações do português com esses povos ou com essas culturas.

É comum referirem-se historiadores, antropólogos e sociólogos ao contato de europeus com não europeus como expressão de um especialíssimo processo que, não chegando a ser nem de subjugação nem de assimilação, menos ainda de integração, poderia ser caracterizado como sendo, ou tendo sido, de europeização. A tendência para a europeização raramente deixou de assinalar as relações dos portugueses com não europeus, embora a alguns de nós pareça que o empenho da gente lusitana, ao tomar contato com esses povos, tenha sido, quase sempre, mais o de socialmente cristianizá-las que o de culturalmente europeizá-las. O que talvez se deva antes a um retardamento que a um adiantamento na cultura dos portugueses, que, a partir do século XVI ou desde esse século, vem sofrendo a competição, que em algumas áreas se tornou vitoriosa, da parte de outros europeus. Mesmo assim, criaram, no Oriente, uma Índia mais cristocêntrica que etnocentricamente portuguesa; em Macau, uma pequena ilha socialmente cristã ou paracristã e étnica e culturalmente sino-lusitana; no Brasil e nas Áfricas, sociedades cristocêntricas em suas predominâncias de comportamento, embora de modo algum de todo portuguesas na composição étnica de suas populações ou sequer de suas elites ou na consubstanciação das suas culturas, de formas iniciais ou básicas abertas a substâncias diferentes das europeias.

Que espécie de retardamento de cultura – retardamento com relação a povos europeus seus vizinhos e, desde o século XVI e principalmente desde o XVII, seus rivais, nas aventuras de expansão em espaços não europeus – terá caracterizado o português colonizador, desde então, de tantas áreas tropicais, em suas relações com essas mesmas áreas, e lhe favorecido, nessas e noutras áreas, uma política social de integração de raças autóctones e de culturas diferentes das europeias num todo inicialmente europeu, além de cristão, em suas próprias predominâncias de cultura, mas com tendências a homogêneo sob a forma de um terceiro tipo de cultura ou de civilização: nem o europeu nem o das populações incorporadas desde o início na comunidade lusocristã? Terá realmente havido tal retardamento? Terá sido ele favorável a uma política social com relação a não europeus e às suas culturas que nenhum outro povo europeu conseguiu, até hoje, seguir com o mesmo êxito alcançado pelo português sob a forma de uma política de integração?

Sou dos que admitem ter havido tal retardamento; e, por minha conta, vou além: aventuro-me a sugerir ter sido um retardamento, esse – se é que realmente houve – antes vantajoso que desvantajoso para as relações do português com não europeus e para a política de integração que, mais do que qualquer outra, vem caracterizando essas relações. Mais do que as violências de subjugação. Mais do que as tendências à pura ou sistemática assimilação do exótico ao castiço.

De que modo se teria retardado Portugal com relação ao adiantamento alcançado pelo Norte da Europa, ao definir-se a fase mais ativa de expansão dessa Europa e da ibérica em espaços não europeus? Ter-se-ia retardado principalmente no tocante à chamada Revolução Industrial que, quase de súbito, alterou profundamente – todos o sabemos –, naquela Europa – a do Norte –, as relações entre classes e entre indivíduos. Relações que, entretanto, continuaram na Europa ibérica, senão as mesmas da fase mais caracteristicamente pré-industrial e pré-burguesa, outrora comum a toda a Europa cristã, mais semelhantes às daquela fase que parecidas com as da nova: nova e renovadora. Renovadora, sobretudo, das sociedades norte-europeias tornadas, pelo industrialismo e pelo protestantismo, além de bíblicas, isto é, partidárias da leitura e interpretação da Bíblia pelo indivíduo médio e apenas alfabetizado, adeptas de uma intensa valorização não só do indivíduo, em geral, como desse indivíduo médio, em particular, de repente investido, por essas novas circunstâncias e por essa nova filosofia social, de responsabilidades até então desempenhadas por entidades especializadas em dirigir ou orientar o conjunto social, enquanto a gente média como que se sentia, quase toda, socialmente segura e psiquicamente satisfeita na sua situação de gente dirigida ou orientada.

Com as novas responsabilidades de que se viu investida, a gente média parece ter-se sentido, pelo menos durante um período considerável de tempo social, insegura; e com esse sentimento de insegurança a respeito do seu próprio valor e da sua capacidade de dirigir-se a si mesma é que teria passado a ser o principal elemento representativo não só da Europa como do cristianismo junto a não europeus. Sua superioridade com relação a todos esses não europeus ostensivamente se manifestaria em suas novas técnicas de produção industrial; e em suas noções de mensuração de tempo – no tempo cronométrico; e com relação a muitos dos mesmos não europeus no fato de muitos deles, norte-europeus, serem, como cristãos reformados, indivíduos bíblicos, alfabetizados e até literários, no sentido antropológico da palavra; capazes, portanto, de um saber de que os analfabetizados eram incapazes. A tal superioridade corresponderia o fato biológico de serem brancos: outra ostensiva insígnia de superioridade a distingui-los dos não europeus rústicos, analfabetos, pré-literários.

Seriam, porém, superioridades todas essas que precisariam ser afirmadas, entre inferiores, por superiores não de todo seguros de ser superiores a tais inferiores. O burguês norte-europeu, por vezes pedantemente bíblico no seu cristianismo reformado e enfaticamente neoindustrial na técnica de produção econômica – uma técnica que o valorizava como indivíduo médio e como gente média –, parece ter precisado reagir contra o sentimento de insegurança, característico, aliás, de todo indivíduo ou de todo grupo novo no poder, na cultura e na riqueza, exagerando-se nas manifestações ostensivas de sua superioridade. Uma das evidências de superioridade teria sido, para aquele norte-europeu, desde o século XVI e principalmente desde o XVII, desgarrado entre não europeus, a que estaria a olhos vistos na sua brancura de pele e nos seus característicos de raça.

Essas especulações sobre dois passados europeus, contraditórios em vários pontos e que se manifestaram em dois comportamentos, também em vários pontos contraditórios, de colonizadores europeus em face de populações e de culturas não europeias de espaços não europeus, são especulações de caráter, senão sociológico, parassociológico, que se baseiam em fatos irrecusáveis, característicos dos mesmos dois passados e dos mesmos dois comportamentos e que nos permitem sugerir – ficando a sugestão a depender, para a sua maior validade como chave de interpretação social, de minucioso estudo histórico do assunto – ter sido um desses comportamentos, em seus começos, caracteristicamente pré-burguês, o outro, também em seus começos, caracteristicamente neoburguês. O pré-burguês – pré-burguês nas suas predominâncias e não de todo, como não eram de todo neoburgueses dos séculos XVI ao XIX os norte-europeus, tendo havido entre eles até no século XIX sobrevivências de cultura pré-burguesa – ter-se-ia manifestado num sentimento generalizado de segurança do europeu cristão em face de povos não cristãos, reforçado em muitos portugueses e espanhóis pelo seu já consolidado triunfo de povos pré-burgueses, cavalheirescos, sobre os mouros. Esse sentimento de segurança teria favorecido o contato íntimo de portugueses, como europeus, com povos não europeus e com suas culturas: contato também favorecido pela circunstância de grande parte dos portugueses e dos espanhóis que começaram a se espalhar, desde o século XVI, por espaços não europeus terem sido homens analfabetos, cristãos orais e folclóricos e não bíblicos; e, por conseguinte, em situação de muito mais fraterna e facilmente se entenderem com povos não europeus, quer dos chamados primitivos, quer dos denominados civilizados (entre os quais poucos eram os grupos sociologicamente literários), do que os homens médios da Europa do Norte: cristãos hirtamente bíblicos e inseguramente neoburgueses – além de europeus e de brancos condicionados também por essas duas situações, então novas para eles: a de cristãos bíblicos e a de burgueses – nas predominâncias das suas atitudes e do seu comportamento.

Acresce que, como povo ainda, em grande parte, predominantemente pré-burguês e pré-industrial nas suas atitudes, o português que, a partir principalmente do século XVI, se tornou colonizador de espaços não europeus adotou, nesses espaços, quando neles fundou grandes plantações de cana-de-açúcar, um tipo de escravidão também predominantemente pré-burguês e pré-industrial em seus característicos; e em nítido contraste com o tipo de escravidão predominantemente industrial e burguês que seria, quase sempre, o adotado por outros europeus nos mesmos espaços. Desse pré-industrialismo e desse pré-burguesismo, assim como de outros fatores que não interessa aqui considerar, resultou, evidentemente, um sistema especialíssimo de relações de senhores com escravos nos espaços não europeus marcados pela presença portuguesa; e à sombra do qual foi possível a tendência para a subjugação de não europeus por dominadores europeus e o próprio pendor para a assimilação de não europeus num tipo inflexivelmente europeu de civilização. Tais tendências, porém, se adoçaram frequentes vezes, numa outra tendência: a tendência para a integração de dominadores e de dominados, de brancos e povos de cor, de europeus e não europeus num novo tipo de sociedade e num novo tipo de civilização, caracterizado pela presença, nessa terceira sociedade e nessa terceira cultura, dos povos de cor e das culturas não europeias. Não só presença: participação.

Já procuramos considerar o caso particularmente brasileiro de interpretação da tradição henriquina de seguro social dos cativos, dando-se oportunidade de ascensão a muitos deles. Consideremos, agora, o assunto em alguns dos seus aspectos gerais, sem nos afastarmos, entretanto, desse expressivo exemplo.

A preocupação com a segurança social dos cativos, dos trabalhadores, dos neocristãos, vindos de culturas ou de civilizações tropicais, diferentes das europeias, caracterizou, nos seus dias por assim dizer castiços, o sistema tanto português, em geral, como brasileiro, em particular, de escravidão antes patriarcal do que industrial: a utilizada por portugueses e, independente o Brasil do Estado mas não da comunidade ou da cultura predominantemente portuguesa, por brasileiros, na colonização agrária de regiões tropicais. Sistema que, com todas as suas falhas, contribuiu para a integração não só do português no trópico, como do nativo do trópico nos estilos de vida levados da Europa a regiões tropicais pelo português, em particular, e pelo hispano, em geral.

Note-se que, no Brasil, até o fim do século XIX se conservou, com a relativa proteção do escravo pelo senhor patriarcal, de modo afetivo e familiar – e com o compadrio a ligar até senhores e escravos –, um sistema de seguridade social condicionado pelo tipo patriarcal, doméstico, persistentemente árabe, renitentemente pré-industrial e pré-burguês, de escravidão. O tipo de escravidão que o português adotara do mouro para, sobre essa técnica de trabalho e, principalmente, sobre esse sistema de relações entre europeus e grande parte de não europeus – os cristianizados –, desenvolver sua expansão nos trópicos.

Na África e no Oriente, a extinção como que prematura do regime patriarcal de escravidão não permitiu que se processassem do mesmo modo que no Brasil nem a integração do não Europeu pelo Europeu em ambiente familiar, patriarcal doméstico, nem a proteção do trabalhador não europeu pelo senhor europeu ou cristão. O fato de se ter o regime de trabalho escravo, de feitio patriarcal e adoçado por uma inspiração cristã vinda do Infante, prolongado no Brasil até o fim do século XIX, parece a alguns de nós, investigadores do assunto, ter representado evidente vantagem para a consolidação, no Brasil, de um tipo lusotropical de civilização, quase sempre caracterizado, quer pela proteção do escravo pelo senhor, quer pela oportunidade concedida ao escravo de concorrer para um novo tipo de convivência, com valores e técnicas especificamente tropicais.

Pode-se afirmar do método de integração de não cristãos em sistema lusocristão de convivência, através da escravidão de tipo patriarcal, com a condição de escravo modificada ou adoçada pela de afilhado do senhor, que, tendo sido um método de assimilação cultural e de proteção social inaugurado pelo Infante Dom Henrique no século XV, se prolongou no Brasil, ainda mais do que na África e no meio de deformações e de deficiências consideráveis, até o século XIX. A despeito de todas essas deformações e de todas essas deficiências, foi graças principalmente a esse método que, dentro do sistema brasileiro de organização patriarcal de economia, de sociedade e de cultura, se processou a integração do africano, escravo ou descendente imediato de escravo, num tipo de comunidade ou de sociedade e num estilo geral de cultura – comunidade e estilo predominantemente eurocristãos – de que ele, de ordinário, o mesmo africano passou a sentir-se participante.

A instituição do afilhado, a do dote, o compadrio agiram poderosamente, no Brasil e noutras áreas de formação portuguesa, no sentido de tornar possíveis relações de tal modo afetivas, de tal maneira complexas – sutilmente psicossociais até – entre senhores e escravos e entre descendentes de senhores e descendentes de escravos e, também, a favor da ascensão dos indivíduos e subgrupos socialmente mais fracos, favorecidos, nessa ascensão, pelo socialmente mais forte, que a fórmula "senhores e escravos", proposta por alguns para o esclarecimento ou a interpretação do desenvolvimento social brasileiro, resulta mecânica, simplista e inadequada. A interpretação do mesmo desenvolvimento social brasileiro pelo complexo Casa-Grande & Senzala – preferida por outros analistas desse desenvolvimento – está longe de ser apenas uma nova expressão verbal ou simbólica dessa fórmula. É mais compreensiva do que ela pela importância que atribui a um conjunto de relações criadas não apenas pela subordinação de escravos a senhores no plano da atividade econômica e da hierarquia social, mas por uma vasta e sutil interpenetração de atitudes, valores, motivos de vida, estilos de cultura – os senhoris e os servis, os europeus e os não europeus – condicionados por um tipo patriarcal de convivência, particularmente favorável a tal interpenetração.

Desse tipo patriarcal de convivência é que se pode afirmar ter nascido com a política social de integração de não europeus em sistema lusocristão e, dentro desse sistema de proteção a neocristãos, inaugurada no século XV pelo Infante Dom Henrique, ao procurar dar sentido amplamente cristão às primeiras relações entre cristãos e não cristãos, entre europeus e não europeus – e não apenas entre senhores e escravos – na África ocupada pelos portugueses e entre os portugueses que acolheram em suas casas patriarcais os primeiros cativos vindos da África. Desenvolveu-se o sistema no Brasil; mas a sua origem parece a alguns de nós inconfundível: a política inaugurada pelo Infante no remoto século XV.

Venho sugerindo neste ensaio, já demasiado longo para os seus modestos objetivos, que as normas de segurança do trabalhador cativo e de integração desse cativo ou desse trabalhador, quando exótico ou de origem exótica, no sistema português patriarcal e cristão de família e de sociedade, traçado pelo Infante Dom Henrique, informaram, em grande parte, o desenvolvimento dos métodos escravocráticos de proteção do escravo pelo senhor e de incorporação do mesmo escravo à família patriarcal do mesmo senhor seguidos pela gente lusitana na sua consolidação socioeconômica em áreas tropicais. Principalmente no Brasil.

Que esses métodos, de possível origem maometana mas cristianizados de todo pelo Infante, distinguiram o sistema escravocrático lusotropical dos demais sistemas de escravidão eurotropicais, parece-me evidente. São muitos os depoimentos de estrangeiros idôneos que assinalam tal diferença, em face de uma maior benignidade – destacada por esses estrangeiros da parte de portugueses e de brasileiros estabelecidos patriarcalmente em áreas tropicais com fazendas e engenhos, com relação a seus escravos, vários dos quais tornados pelos patriarcas de casas-grandes, pessoas de casa, tratados pela gente senhoril como membros da família e feitos participantes integrais, senão das crenças católicas, dos ritos católicos, de batizados, de crisma, de casamento, de morte, da liturgia da Igreja e das principais normas cristãs de comportamento e de convivência.

A não poucos desses escravos no Brasil, quer colonial, quer imperial, foram dadas, dentro da tradição henriquina, oportunidades de ascensão social pelo casamento e pela instrução, iguais ou quase iguais, às que se concediam aos filhos brancos das famílias a que pertenciam sociologicamente os cativos.

Não são poucos os depoimentos idôneos que registram tais facilidades, mercê das quais numerosos filhos de escravos, de indivíduos nascidos escravos, se tornaram, na sociedade brasileira, rivais de brancos senhoris, ou de origem senhoril, nas funções em que lhes foi dado desempenho e no prestígio que alcançaram através do desempenho de tais funções.

Em trabalho universitário de mocidade, escrito e publicado em língua inglesa, procurei salientar alguns dos aspectos que parecem ter diferenciado o sistema escravocrático brasileiro – e não só é a caracterização válida para o sistema que se possa denominar brasileiro, em particular, como para o português, em geral – dos demais sistemas escravocráticos seus contemporâneos, através de uma maior benignidade da parte dos senhores nas relações com os escravos. Sugeri mais que essa benignidade se afirmava na comparação do tratamento do escravo típico das áreas de formação portuguesa – típico porque vários foram os escravos, não só no Brasil, como em Angola e em Moçambique, vítimas de maus senhores – pelo senhor brasileiro ou português típico e a cuja família o mesmo escravo sociologicamente pertencia – com o tratamento recebido de industriais pelos operários, nas fábricas europeias – principalmente inglesas – dos primeiros decênios do século XIX. A tese, na sua primeira parte, foi, senão impugnada, posta em dúvida por um generoso intérprete do que se pode considerar a filosofia de história que meus trabalhos sugerem: o professor Lewis Hanke, neste particular seguido recentemente pelo também professor James Duffy.

Não me parece, porém, que os eruditos de Harvard tenham apresentado um só argumento que de fato comprometesse aquela tese. Sua atitude é a de quem, sem conhecimento especializado do assunto, reluta em aceitar uma "benignidade portuguesa" difícil, com efeito, de ser compreendida sem um estudo das particularidades que a explicam histórica e sociologicamente.

É essa benignidade que me parece, hoje, dever ser associada às normas de segurança do trabalhador e de integração do cativo exótico ou de origem exótica num sistema lusocristão de sociedade ou de comunidade traçadas pelo Infante Dom Henrique. O exemplo maometano de escravidão doméstica, familiar e patriarcal, não lhe teria sido estranho. Mas ele soube traçar, de modo nítido e inconfundível, uma política caracteristicamente cristã e portuguesa de relações de cativos com senhores, de africanos com europeus, de que evidentemente se impregnou grande parte do sistema de colonização portuguesa em sua tendência para se tornar a despeito do regime de trabalho escravo que por tanto tempo vigorou nas áreas sob seu domínio, um sistema integrativo. Embora tenhamos de admitir graves desvios do espírito henriquino no desenvolvimento desse sistema – Afonso de Albuquerque chegou a ser, neste particular, na Índia, uma espécie de anti-Henrique –, a verdade é que as normas henriquinas se estenderam da Europa vizinha da África negra aos trópicos mais distantes, marcados pela presença portuguesa. Principalmente ao Brasil.

Ainda há pouco, lendo o livro, publicado em Londres em 1878, em que os ingleses C. Barnington Brow e William Lidstone registram suas observações do Brasil que conheceram já no fim da era escravocrática, deparo, à página 26 de *Fifteen Thousand Miles on the Amazon and its Tributaries*, com este depoimento – mais um depoimento a ser acrescentado aos vários que já se conhecem sobre o assunto – a respeito de uma típica fazenda patriarcal por eles visitada no Norte do então Império: "*We never looked upon slaves without feelings of pity (...) but we were pleased to observe that Senhor O. always treated his with great humanity – in fact, he would not use the term 'slaves' but spoke of them always as belonging to his household*". O método henriquino em pleno vigor no Brasil escravocrático da segunda metade do século XIX.

Assim se explica – pela sobrevivência, pela persistência, pela permanência na sociedade, escravocrática é certo, mas, ao mesmo tempo, patriarcal do Brasil do século XIX, de normas de tratamento de escravos por senhores vindas de Dom Henrique – o fato de ter havido, com efeito, no Brasil, um regime de escravidão que de ordinário ou em parte foi uma escravidão antes doméstica que agrária ou agrário-industrial; uma função de organização familiar que condicionava a atividade econômica, base somente material de sua existência e não apenas expressão dessa atividade econômica independente daquela organização: uma organização rocada de sugestões cristãs, influenciada pelo apreço, da parte dos seus dirigentes, por valores dos chamados espirituais; conservadora de normas de contato de brancos com pretos inauguradas pelo Infante.

Não se nega ter o puro afã de dominação política ou de exploração econômica tomado por vezes exagerado relevo no jogo de relações de portugueses da Europa com não europeus. Em certas fases ou circunstâncias tem chegado esse afã a comprometer aquelas constantes de política social. Não digo, nem nunca ousei dizer, do português europeu que vem sendo um povo perfeito em sua política social com não europeus. O que é digno de atenção nessa política é a sua constância – a constância da sua relativa benignidade – a despeito das imperfeições.

Mais do que nunca saberá decerto o português conservar-se fiel às inspirações henriquinas, em vez de procurar, já agora arcaicamente, seguir, naquelas relações, normas de povos estritamente europeus – e o português, sobretudo depois de Dom Henrique, não é povo estritamente europeu – com não europeus. Seria um desvio perigoso de tradições vindas dos dias daquele príncipe e desenvolvidas principalmente no Brasil: um Brasil tão henriquino no seu desenvolvimento em democracia étnica e em democracia social.

4. O BRASIL EM FACE DAS ÁFRICAS NEGRAS E MESTIÇAS[1]

Foi com emoção que entrei hoje, pela mão dos ilustres diretores da Federação das Associações Portuguesas do Brasil, nesta casa já histórica. Com emoção acabo de ouvir as palavras de Leonardo Jorge Pessoa Lopes – tão animadas de inteligência quanto impregnadas de sensibilidade ao momento, também histórico, que vivemos, portugueses e brasileiros. Com emoção ocupo, agora, e igualmente sob a impressão de momento tão dramático, esta tribuna abrilhantada, no decorrer já de longos anos, pela eloquência de alguns dos maiores homens públicos e pelo saber de alguns dos maiores homens de letras de Portugal e do Brasil.

Constato a presença, nesta solenidade, no meio de tantos portugueses e de tantos brasileiros que não sabem separar os destinos do Brasil dos de Portugal, de destacados representantes da cultura brasileira e da inteligência portuguesa, alguns deles líderes dos mais altos da diplomacia, da política, da administração, do magistério, do jornalismo, das ciências, das letras, das artes, nos dois países. Meus agradecimentos a quantos, pela sua presença, participam este ano, no Rio de Janeiro, da comemoração do Dia de Camões, vindo ouvir a palavra de quem, adepto da "vária cor" camoniana, tanto se opõe à mística da "negritude" como ao mito da "branquitude": dois extremos sectários que contrariam a já brasileiríssima prática da democracia racial através da mestiçagem: uma prática que nos impõe deveres de particular solidariedade com outros povos mestiços. Sobretudo com os do Oriente e os das Áfricas Portuguesas. Principalmente com os das Áfricas negras e mestiças marcadas pela presença lusitana.

É, porém, uma voz como a minha que deve ser ouvida pelos brasileiros e pelos portugueses que hoje aqui se reúnem para a comemoração de mais um 10 de junho? É uma palavra como a minha que, num dia como o de hoje, deve ser

---
[1] Conferência proferida no Gabinete Português de Leitura do Rio de Janeiro a 10 de junho de 1962, a convite da Federação das Associações Portuguesas do Brasil. Publicado em: Gilberto Freyre, *O Brasil em Face das Áfricas Negras e Mestiças*. Rio de Janeiro, Federação das Associações Portuguesas, 1962. 48 p.

escutada, em ano tão inquieto como o de 1962, pelos brasileiros que mais fraternalmente se preocupam com Portugal e pelos portugueses que, residentes no Brasil ou em Portugal, nas Áfricas ou no Oriente, já sentem hoje doer-lhes Portugal tanto quanto a Espanha, sangrando das terras arrancadas ao seu domínio ainda materno por um poder em rápida ascensão imperial, doía a espanhóis do fim do século XIX?

Tenho dúvidas. A voz reclamada pelas circunstâncias excepcionais em que vivemos, brasileiros e portugueses, talvez seja, como em nenhum outro ano, a de um orador eloquente. Eloquente, profético, apocalítico. A palavra exigida pelo momento talvez seja, como em nenhum outro 10 de junho, a de um brasileiro que ao sentimento lusitano juntasse aquela eloquência em que o verbo se faz, em vez de carne, como no Novo Testamento, fogo, como no Velho.

Não vos trago eloquência nem retórica. Nem a minha voz é a dos oradores que exaltando veementemente as glórias e salientando brilhantemente as virtudes de um povo, procuram deixar na sombra os por si mesmos já sombrios e ásperos problemas desse povo. Venho-vos falar de problemas. Examinar dois ou três deles com franqueza. Considerá-los criticamente em alguns de seus aspectos. Talvez nessas críticas cometer inconveniências. Mas tal é o meu amor a Portugal, tão igual ao meu amor ao Brasil, tão desinteressado de recompensas, tão desdenhoso de condecorações, tão indiferente a agradecimentos oficiais ou a consagrações acadêmicas, que me dá talvez o direito, além de me impor o dever, de dizer a portugueses, numa solenidade como esta, inconveniências iguais às que tenho dito em circunstâncias semelhantes a brasileiros. Dos brasileiros não preciso hoje nem precisei nunca que me agradecessem com ministérios, com embaixadas, com medalhas oficiais, com prêmios acadêmicos, os possíveis serviços que se venho prestando ao Brasil é pelo puro fato de ser um escritor independente, nunca um literato acomodado a instituições ou a empresas; ou um intelectual subserviente a ricos ou a políticos, a partidos ou a seitas ideológicas. Nunca um escritor que, ao aceitar convites de governos ou de instituições, se possa murmurar dele que é dos que transigem com governos e instituições mediante agrados de qualquer espécie. Daí o fato de, pouco depois de ter visitado as províncias portuguesas do Oriente e da África, a convite do governo português, haver recebido convite semelhante da União Soviética; e mais recentemente, convite da República Popular da China para visitar suas terras e conhecer suas gentes.

Ao sentimento lusitano nunca, em tempo algum, deixei de juntar o ânimo honestamente crítico em face do comportamento mais caracteristicamente português. Português e brasileiro. Somos – sou dos que mais o proclamam – sociologicamente uma só realidade: portugueses e brasileiros. Venho insistindo há anos neste ponto. Quem em termos sociológicos toca no Brasil, toca em Portugal; quem nos mesmos termos, toca no que é português, toca no que é brasileiro. Ferida portuguesa é dor brasileira. São, há mais de um século, o Brasil e Portugal, dois Estados, é certo. São hoje dois regimes políticos antagônicos, é verdade. São agora duas nações separadas – demasiadamente separadas – é fato. Os caminhos políticos de uma não são atualmente os da outra. Nem os caminhos nem os desígnios; nem os métodos de ação nem a sistemática de convivência especificamente política.

Não cabe, assim, ao brasileiro ser, em Portugal, *isto* ou *aquilo* em termos especificamente políticos e especificamente nacionais. Ser *isto* ou ser *aquilo*, nesses termos, e agir em função de tais convicções, é exclusividade portuguesa. Até lá não se compreende que chegue a solidariedade que nos prenda a portugueses. Nem se compreenderia que portugueses, enquanto nacional e politicamente portugueses e só portugueses, agissem no Brasil, tornando-se *isto* ou *aquilo* em política especificamente nacional, e, por conseguinte, peculiar aos brasileiros. O comportamento de portugueses só portugueses que aqui agissem, nesse plano, como se fossem brasileiros, se tornaria, no atual estado de relações políticas entre os dois Estados, o de intrusos. Da minha parte, durante anos já longos de íntimo contato com Portugal, tenho evitado sempre ser intruso na sua política especificamente portuguesa, por aí se explicando ter tantos amigos entre gente das oposições como entre gente do governo. Os que me agridem em Portugal, agridem-me no mesmo tom dos que me agridem no Brasil e me agridem por vezes – nem sempre – em Moscou, em Paris, nos Estados Unidos. São os que não se conformam com uma interpretação do passado social do Brasil e das constantes do comportamento ibérico, em geral, e português, em particular, em terras quentes, e com uma análise de problemas da atualidade não só brasileira como do mundo eurotropical, que deixe em crua evidência mistificações somente úteis aos *ismos* especializados em fabricá-las e em propagá-las, tantas vezes servindo-se para essa propagação da mais lamentável espécie de inocentes. Inocentes portugueses e inocentes brasileiros, inocentes americanos dos Estados Unidos e inocentes americanos da América Latina, inocentes franceses e inocentes ingleses.

A solidariedade que prende os brasileiros aos portugueses, fazendo que grande parte dos problemas portugueses sejam preocupações brasileiras, não é política no sentido restrito da palavra: é de outra espécie. Vai a outra profundidade. Desce a raízes. Projeta-se apoliticamente sobre o futuro. Ela decorre do fato de constituirmos um conjunto sociocultural que se caracteriza por tradições, tendências e desígnios comuns a Portugal e aos grupos de descendentes e continuadores de portugueses mais ou menos profundamente integrados em ambientes tropicais, o Brasil sendo hoje o maior, o mais importante, o mais expressivo desses grupos de origem e formação lusitanas.

Daí poderem tais grupos, em termos sociológicos, ser considerados uma comunidade. Comunidade luso-brasileira, dizem uns, parecendo não admitir nessa comunidade senão duas presenças nacionais: a de Portugal e a do Brasil. Comunidade lusotropical, venho há anos sugerindo que se diga, admitindo que as presenças nacionais passem das duas que são hoje às três ou às quatro que possam vir a ser, brasileiramente, fraternalmente, josebonifaciamente, amanhã. Mas considerando sempre que essas presenças, condicionadas de modo decisivo pela sua condição de exprimirem senão em todos os casos, simbioses, interpenetrações, mais ou menos completas – simbioses e interpenetrações lusotropicais mais ou menos profundas – correspondem a uma situação generalizada que sociologicamente se deixe caracterizar por sua lusotropicalidade: uma situação que, da realidade socioecológica hoje característica da América, da África e do Oriente tropicais colonizados por portugueses, ou, principalmente, por portugueses, se admitisse vir se refletindo de tal modo sobre o Portugal europeu que o Portugal europeu, pelo reflexo de suas cada dia mais vigorosas ex-colônias sobre sua talvez já sociologicamente extinta ou talvez já concluída missão de metrópole de feitio clássico ou de estilo convencional, passasse a ser considerado membro sociologicamente tropicalizado daquele conjunto. Porque Portugal sem deixar de ser europeu é, cada dia mais, na Europa, pela população e pela cultura, uma expressão do trópico por ele civilizado e cristianizado; mas que por sua vez o revitalizou e até o recriou com seus sangues e com suas culturas: com suas culturas mais intuitivas do que racionalistas.

Atente-se de início no seguinte: não considero aqui a matéria em termos políticos e sim em termos sociológicos. É ponto que insisto em deixar claro. Em termos políticos é possível dar-se outra interpretação à atualidade de relações entre os membros sociológicos do conjunto também sociológico que se denomina lusotropical. Admito que se possa oferecer de tais relações essa outra interpretação, em plano puramente político. Repito, porém, não ser o aspecto político da matéria o que procuro aqui, e o que venho procurando em vários trabalhos, considerar; e sim o sociológico ou o socioecológico. Sim o antropossocial ou o sociocultural. Sim o que corresponde a relações de grupos e de culturas com espaços: relações caracterizadas pelo seu sentido mais profundamente humano, existencial, social, separado quanto possível do formalmente e transitoriamente político.

Considerando-se o assunto destes pontos de vista, que traço principalmente caracteriza o que há de comum às sociedades e culturas que se vêm desenvolvendo dentro de normas inicialmente portuguesas em áreas tropicais e que dão a essas sociedades e a essas culturas condições de membros de uma só comunidade ou de um só tipo de civilização? Não creio haver dúvida sobre este ponto: é a tendência para a miscigenação, no plano biológico, com a língua portuguesa tornando-se cada dia mais a língua de povos de várias cores e enriquecendo-se de indianismos, africanismos, orientalismos, brasileirismos, tropicalismos que também lhe dão, camonianamente, várias cores, além de vários ritmos. Tendência, note-se bem; admitindo-se, por conseguinte, desvios e deficiências que a perturbem como política social que se considerasse sempre e sistematicamente seguida naquelas áreas e entre aquelas sociedades *bi* ou plurirraciais nas suas origens. Que a perturbem até de modo ostensivo como sucede dentro dessa monstruosidade antiportuguesa e antibrasileira que é na Angola atual e no que diz respeito a relações entre brancos e pretos, a terra dominada pela sob outros aspectos admirável Companhia dos Diamantes; e onde os métodos de coexistência de europeus com não europeus, longe de ser os portugueses desenvolvidos pelo Brasil, são os belgas que resultaram no Congo Belga.

É também a tendência para a interpenetração de culturas, a europeia e as não europeias, com a europeia preponderando, por conveniência comum a europeus e não europeus, sobre as não europeias, sem que essa preponderância venha implicando opressão sistemática das culturas não europeias pela europeia; ou – a não ser em casos excepcionais de perversão ou negação da tendência – em exclusivo ou, quase exclusivo, domínio da cultura europeia como cultura imperialmente civilizadora sob a qual as não europeias devessem desaparecer por absolutamente inferiores à imperial.

Conheço de perto várias áreas africanas e outras tantas asianas onde se vêm verificando contatos de europeus com não europeus nos trópicos. Vi até onde chegam os extremos de ódio entre homens de cor diferente. Os extremos de miséria de uns e de esplendor de outros. Meninos, eu vi. Adultos, eu vi. Velhos, eu vi. Vi até morrer-se de fome nas ruas de Bombaim. Vi brancos em hotéis de luxo de Joanesburgo dos quais me disseram ser brancos que não ousavam sair – nem ousam hoje – do centro da sua cidade por temor aos negros que os cercam. Brancos sociologicamente ilhéus cercados por todos os lados de ondas de negros enfurecidos. Enquanto na ilha lusotropical de São Vicente vi todo um Palácio do Governo sem um só soldado branco ou um só militar europeu a guardá-lo. Desguarnecido. Desprotegido. Entregue à população docemente mestiça da ilha por excelência lusotropical que é São Vicente.

Conheço algumas das áreas americanas em que contatos do mesmo tipo – isto é, de europeus com não europeus – vêm ocorrendo de vários modos desde o século XVI. Vi o Peru: onde esse contato produziu a admirável pintura cusquenha, produziu o Inca Garcilazo, produziu o mulato agora Santo da Igreja Martin Porres. Mas onde também há toda uma população ainda indígena tratada de resto pela europeia e em crescente revolta contra Lima. Vi o Paraguai: o bravo Paraguai hispano-guarani, vítima, no seu passado, de tanto governo esterilmente ditatorial. Conheço as Antilhas: um pouco das que foram inglesas e um tanto das que foram espanholas. Sei o que sofrem índios e *cholos* no Equador e na Bolívia. O que sofriam camponeses em Cuba de usineiros inumanos, alguns deles anglo-saxões, alvos barões de um açúcar também alvo produzido com tanto sofrimento pelos mestiços e pelos negros daquela ilha, outrora infeliz por essa espécie de exploração da sua gente mais humilde, agora infeliz pela ameaça de tornar-se colônia do império russo-soviético; ameaçada, portanto, de sofrer novas formas de exploração e de opressão. Sei, também, o que sofrem os negros e negroides mais segregados do Sul dos Estados Unidos: o sofrimento dos desprezados por serem não só pretos como mestiços de "vária cor".

Não me parece que a caracterização que há anos sugiro, das áreas marcadas pela presença portuguesa – as áreas de uma população em grande parte de "vária cor" – possa ser aplicada, com igual generalidade e igual vigor, às situações etnoculturais apresentadas por outras áreas onde se vêm verificando contatos de europeus com não europeus. Não se aplica decerto às áreas marcadas pela colonização anglo-saxônica – tão cruamente desdenhosa, até há pouco, das populações de cor; nem às áreas de colonização holandesa; nem às de colonização inglesa; nem às de colonização belga; nem mesmo, considerando-se a amplitude do ânimo melanisticamente democrático dos portugueses, a todas as áreas de colonização espanhola, embora de várias dessas áreas – da venezuelana, da paraguaia e da cubana, por exemplo – se possa afirmar que se apresentam, na América tropical, iguais à área brasileira, quer nos aspectos biológicos, quer em alguns dos sociológicos, do seu desenvolvimento em áreas de populações em grande parte mestiças e de culturas em grande parte mistas e até simbióticas.

Sendo assim, como se admitir como justa a campanha que se vem fazendo nos últimos dois anos, metodicamente, tecnicamente, dispendiosamente, contra Portugal, em livros, em jornais e em revistas de vários países – até em revistas como a excelente *The New Leader*, de Nova York – e com repercussão no próprio Brasil, sob a alegação de que as chamadas províncias de Portugal no Oriente e na África são colônias do mesmo tipo das até há pouco colônias inglesas, holandesas, francesas, belgas; ou das que restam a esses poderes europeus, hoje impérios em dissolução, no Oriente, na África e na própria América? Como dizer-se que nessas províncias se humilham populações de cor e se conservam suas culturas à parte ou à distância das europeias, com o mesmo rigor sistemático com que ingleses, holandeses, belgas e mesmo franceses vinham praticando nos trópicos sua política como que profilática de minorias europeias intransigentemente "superiores", em suas atitudes e em seu procedimento, a maiorias de gentes de cor consideradas "inferiores"? Ou separando, em escolas, negros e mestiços de negros, de brancos, segundo práticas também em vigor não só em alguns dos estados do Sul dos Estados Unidos como até na União Soviética, onde os jovens de cor são internados na chamada Universidade da Amizade, destinada só, ou quase só, a esses estrangeiros de "vária cor"?

Pode-se criticar nos modernos portugueses, nas suas relações de europeus com não europeus, na África e no Timor, não só a imitação, por vezes, da parte de alguns dos administradores menos genuinamente portugueses, de subprovíncias e de empresas, de exemplos belgas e ingleses, como a demasiada lentidão dos seus métodos de elevação – se é que os podemos chamar sempre de elevação – dos nativos, à condição de civilizados. Em 1950 – observa em livro recente um crítico extremamente severo desses métodos, o inglês Basil Davidson, a quem devo aliás generosas citações de trabalho meu – apenas menos de um em cada grupo de cem nativos da Angola se achava, por cálculo estatístico, na condição chamada de "assimilado". Grande, portanto, era, ainda há doze anos, e deve continuar a ser hoje, o número de africanos, na Angola, integrados em tribos; ou destribalizados sem se terem elevado à condição chamada até há pouco, a meu ver ineptamente, de "assimilados", essencial à cidadania portuguesa.

Não nos espantemos, porém, demasiadamente, os brasileiros, com essa situação que sou o primeiro a lamentar vir se prolongando nas Áfricas portuguesas além de limites razoáveis. Não nos espantemos demasiado porque também entre nós, brasileiros, um número não de todo desprezível de indígenas se conserva em tribos com as quais os contatos dos chamados civilizados se vêm processando de modo quase sempre desvantajoso para a saúde física e para a saúde moral desses primitivos. Sem que se venha desenvolvendo e aperfeiçoando neste particular a obra de assistência aos indígenas iniciada, já na República, pelo grande Rondon, como organizador de um Serviço Nacional de Proteção aos Índios que teve por algum tempo, a seu serviço, um antropólogo-sociólogo do porte de Roquette-Pinto.

Por outro lado, sabemos ser também considerável, entre nós, o número de brasileiros que não vêm sendo preparados para a cidadania: para o *status* de cidadão do qual tantos se conservam ainda distantes ou à margem. Pois que são muitos dos caboclos brasileiros senão descendentes de ameríndios, puros ou mestiços, em prolongada situação de destribalização? Que são, senão destribalizados em estado ainda um tanto cru, muitos dos cabras brasileiros descendentes de pretos africanos? Que direito, então, nos cabe, a nós que ainda temos a Amazônia, o Mato Grosso, o Nordeste, de atirar pedras aos portugueses pelas suas na verdade lamentáveis deficiências, neste particular, entre populações angolanas, grande parte das quais conservam-se ainda incapazes de cumprir deveres e de desfrutar direitos de cidadãos de uma república politicamente moderna?

Do que, porém, não se apercebem certos estrangeiros que criticam hoje, com excesso de melindres democráticos, os portugueses, com relação à África, e poderiam criticar, com igual ânimo, os brasileiros, com relação a numerosos rústicos que são sociologicamente brasileiros sem o serem também civicamente, é que entre os angolanos ainda aquém da condição de cidadãos, são numerosos os indivíduos já integrados no *status*, ou aproximados do *status* sociológico, de portugueses. O que se deve – como venho procurando sugerir em vários dos meus trabalhos – ao sistema patriarcal que tendo sido o principal fator da formação brasileira, também concorreu em Angola e em Moçambique para o desenvolvimento social de várias de suas populações tribais, étnica e culturalmente heterogêneas, em sociedades pré-nacionais e até quase nacionais; para o desenvolvimento de destribalizados em lusotropicais sociologicamente intitulados "portugueses".

Portugueses tão somente. A verdade, de que não se apercebem certos observadores estrangeiros mais superficiais, é que entre portugueses e entre brasileiros, quem diz *português* e quem diz *brasileiro*, referindo-se a indivíduo ainda rústico vindo de cultura primitiva para a civilizadora e dominante, diz na realidade português ou brasileiro: mesmo quando esse indivíduo, por não saber ler nem escrever, não se acha ainda integrado no *status*, às vezes puramente decorativo, de cidadão. É o caso do caboclo brasileiro. Tem sido também o caso, no Brasil, do negro, filho de escravo e afilhado e, posteriormente, compadre, de branco: branco em cuja família tantas vezes se processou, através do sistema patriarcal de convivência, o abrasileiramento ou o aportuguesamento, dentro da cristianização, do negro ainda criança e até do já adulto. Processo quase sempre lento. Contou-me certa vez Octávio Mangabeira que, em suas excursões cívicas pelo interior da Bahia, ainda encontrou caboclos que lhe perguntavam como ia o imperador Pedro II. Eram gente civicamente fora de portas e politicamente fora de época, embora sociologicamente já, há anos, brasileira. Abrasileirada lentamente por estilos patriarcais de convivência.

Compreendeu-o, lendo, talvez, estudos brasileiros em que o caráter predominantemente patriarcal, dos métodos portugueses, quando castiços, de colonização, vem sendo destacado nos seus aspectos positivos e à base do estudo e da análise de fatos sociologicamente expressivos, lúcido observador europeu – Herwig Weber – que há pouco visitou a Angola e Moçambique com olhos mais atentos à realidade do que os dos jornalistas do tipo infelizmente mais comum. Encontrou ele significativo exemplo do caráter das relações de ordinário dominantes entre europeus e não europeus em Moçambique – como outrora no Brasil – em "l'attitude d'un noir employé dans une firme et qui parlant de la famille blanche pour laquelle il travaillait, s'exprimait toujours et de la façon la plus naturelle à la première personne du pluriel". Registrou-o em artigo na *Frankfurter Allgemeisse Zeitung*, de 8 de fevereiro de 1962, que vem repercutindo na imprensa europeia mais idônea de língua francesa.

Não são poucos os africanos, em processo de destribalização, que na Angola tanto quanto em Moçambique vêm passando da situação perigosa de destribalizados à de membros de um para eles novo sistema de convivência, através da sua condição de afilhados de famílias portuguesas ainda patriarcalmente organizadas. O prolongamento, por conseguinte, do mesmo sistema patriarcal de integração de nativos em uma cultura sociologicamente cristã – admito que sistema crescentemente arcaico, a exigir sua substituição por formas sindicais de organização capazes de realizar a desejada integração de "nativos" em africanos modernos – que permitiu ao Brasil fazer de tantos ameríndios arrancados às matas e de tantos negros vindos, como escravos, das Áfricas, brasileiríssimos brasileiros criados na convivência familial dos seus senhores, mais padrinhos, em vários casos, do que senhores desses filhos sociológicos. É certo que numerosas vezes essa integração de caráter familial, patriarcal, sociologicamente cristão, se fez, no Brasil, e se vem fazendo em várias partes – não em todas, admito – da África Portuguesa, por meio de castigos físicos impostos aos recém-vindos de culturas primitivas, para melhor consolidação do seu aprendizado de uma nova cultura. Mas lembremo-nos de que nos sistemas ortodoxamente patriarcais tais castigos físicos se estendiam – e até certo ponto ainda se estendem – no Brasil e em Portugal, aos filhos, sendo raro o brasileiro ou o português de formação castiçamente patriarcal que tenha crescido sem ter experimentado a ação da palmatória ou da vara ou da chibata disciplinadora empunhada por pai ou por mãe. Os cidadãos dos Estados Unidos, ao contrário dos súditos de Sua Majestade Britânica, desconhecem esse gênero de disciplina familial e pedagógica e escandalizam-se com o fato de haver ainda povos com pretensões a civilizados que o praticam, com relação, quer a filhos biológicos, quer a filhos sociológicos. A verdade, porém, é que talvez faça falta à sob tantos aspectos exemplar civilização dos Estados Unidos um pouco de rigor disciplinar nos modos por que os pais tratam os filhos e, nas escolas primárias, os mestres os alunos. Daí, talvez, tantos americanos dos Estados Unidos se tornarem adultos psicossocialmente instáveis, desajustados e até transviados. O excesso oposto vem, é certo, prevalecendo, de modo às vezes lastimável, em áreas como a Angola, como Portugal, como a Espanha. Mas, em períodos de transição como o que o mundo atravessa em várias regiões, compreende-se que se prolonguem certos arcaísmos até que possam ser vantajosamente substituídos por novos estilos de convivência; e não por aventurosas modernices.

Certa vez fui recebido com a melhor das hospitalidades pelo já velho patriarca de uma pequena fazenda do interior da Angola que me informou, dando sinais de estar profundamente triste, ter a mão direita um tanto intumescida: precisara, na manhã daquele dia, disciplinar um jovem servo africano seu afilhado. Disse-me o nome do jovem – algum Antônio ou Manoel – pois o português ou o descendente ou continuador de português patriarcal, na África ou no Oriente, não trata nunca um nativo, simples e impessoalmente, como *boy*, à maneira dos ingleses e de outros europeus; e sim, afetuosamente, cristãmente, pelo nome de cada um. Imaginei o assombro de um dos meus colegas de universidade dos Estados Unidos – o professor Melville Herskovits, africanologista ilustre, por exemplo – em face de uma confissão daquela espécie: a de um português branco da Angola que não hesitava em informar a um estranho ter castigado com vigorosos golpes um dos seus jovens servos africanos. Eu, porém, lembrei-me imediatamente dos meus dias de menino: dos castigos físicos que eu próprio recebera de um pai patriarcal às vezes severo com os filhos; dos castigos que vi serem aplicados pelos mais velhos da casa ao jovem Severino, preto afilhado de minha mãe e companheiro de brinquedos do meu irmão mais velho. Patriarcalismo. Familismo. Educação de filhos e de afilhados por um método – o patriarcal cristão, português e até há pouco, brasileiro – difícil de ser compreendido por aqueles liberais dos Estados Unidos mais impregnados de modernices pedagógicas ninguém sabe ao certo hoje se de fato psicológica e sociologicamente tão válidas como pareceram nos seus primeiros tempos: antes do aumento de mil por cem de delinquência juvenil nos países mais atingidos por tais modernices como os mesmos Estados Unidos da América.

Não nos esqueçamos de que a modernice difere da modernidade em ser quase sempre precária em seu modo radical de ser nova. Donde vermos às vezes a gente mais jovem reagir contra as modernices da simplesmente jovem, porém dominante, recorrendo, para sua revolta de jovens mal saídos da adolescência contra os pais, ao que lhe parece a sabedoria de antepassados tidos pela geração simplesmente jovem, isto é, a dos pais, por arcaica; e reabilitada, em mais de um caso, pelos mais jovens, desencantados com as modernices que lhes foram impostas como messiânicas pelos simplesmente jovens, isto é, pelos pais. Não estou a justificar arcaísmos. Apenas a repelir a substituição radical de quanto seja uso antigo pela pura modernice, várias vezes, quando imposta de repente a uma população de ritmo lento de vida, perniciosa a essa população e ao seu desenvolvimento. Não estou a fazer a apologia de qualquer arcaísmo – no caso o arcaísmo patriarcal. De modo algum. Os arcaísmos devem ser sepultados. Apenas estou sugerindo que nem toda a sabedoria dos velhos se torna desprezivelmente arcaica sob as modernices às vezes precárias inventadas ou adotadas por seus filhos; e contra as quais os netos tantas vezes se levantam, retificando-as e retomando, das lições vindas dos avós, sugestões das que constituem aquele "passado utilizável" já identificado por um pragmatista não só moderno como ianque como essencial ao desenvolvimento de qualquer nação.

O professor Horkheimer, que é um dos sociólogos europeus mais ilustres do nosso tempo, com estudos especializados sobre a sociologia da família, é de opinião – conversou ele comigo, em Paris, toda uma tarde, sobre o assunto – que tende a ser psicossocialmente desajustado o indivíduo a cuja formação falte a presença de pais disciplinadores; ou que temam ser rigorosamente disciplinadores dos seus filhos pelo pavor de parecerem pais autoritariamente patriarcais. E ninguém ignora que em alguns dos modernos países intitulados democráticos essa espécie de temor faz numerosos pais se comportarem quase como covardes diante dos filhos mais anárquicos e mais rebeldes: covardia que se estende a numerosos mestres em relação com alunos de estudos primários e secundários. Daí vários desses adolescentes chegarem aos cursos superiores sem terem experimentado qualquer espécie de disciplina em sua formação, vários deles só adquirindo consciência de necessitarem de alguma ordenação no seu procedimento, de seus instrutores de serviço militar; ou – paradoxalmente – de chefes comunistas, quando se subordinam a tais chefes – duros, autoritários e exigentes – nas atividades de partidarismo político a que alguns jovens se vêm entregando, ultimamente, no Brasil, quase sempre só por algum tempo, durante os estudos universitários. Donde, paradoxalmente, poder concluir-se que os comunistas, com sua disciplina imitada da dos jesuítas – hoje imitadores, vários deles, ninguém sabe ao certo de quem – estão concorrendo, até certo ponto, para disciplinar jovens brasileiros abandonados aos próprios caprichos por pais comodistas, por pedagogos comercializados e até por padres desorientados.

Aos métodos patriarcais de integração de gentes primitivas em sistemas de convivência sociologicamente cristã deve-se atribuir, em grande parte, o fato de terem os portugueses, juntando ao autoritarismo necessário ao sistema patriarcal de família a transbordante democracia da miscigenação, lançado as bases de uma nação do porte, da importância e da extensão da brasileira – talvez a maior, a mais autêntica, a mais completa das democracias raciais que o mundo já viu; e de virem lançando as bases de possíveis nações lusotropicais que poderão, em futuro próximo, tomar rumos semelhantes aos do moderno Brasil.

No momento difícil que Portugal atravessa tanto na Europa como na África – tendo já sofrido brutal ultraje em Goa: uma Goa arrancada violentamente, pelo semi-imperialismo indiano, ao domínio político de Lisboa mas não desprendida ao sistema lusotropical de civilização – cumpre aos brasileiros, sobretudo aos brasileiros mais jovens, pensarem em Portugal e nas Áfricas acima do que Portugal e as atuais relações políticas das Áfricas Portuguesas com Lisboa signifiquem como expressões de um regime ou de uma sistemática apenas política. É sistemática que repugna – ninguém o ignora – ao idealismo democrático de numerosos brasileiros; de muitos dos intelectuais do Brasil; de grande parte da mocidade brasileira. Mas esse repúdio, precisamos cuidar que não nos leve ao extremo de tornar-nos uma multidão de inocentes, úteis a qualquer dos imperialismos que hoje pretendem substituir, na África, os antigos; e na Europa ibérica, os regimes há anos em vigor, por ditadores "made in Moscow".

O imperialismo russo-soviético é o mais avassalador de todos os novos imperialismos que operam na África. O imperialismo – ou, admita-se: contraimperialismo – dos Estados Unidos, o seu maior rival. O imperialismo chinês é outro rival poderoso do da União Soviética na África. O semi-imperialismo indiano, ainda outro, embora de menores possibilidades. Enquanto a União Sul-Africana sonha em se opor a todos esses imperialismos, tornando-se ela própria um império de dominadores brancos sobre populações mestiças e negras; e anexando a esse império, junto com as Rodésias, Angola e Moçambique. Uma Angola e um Moçambique de brancos, de negros e de mestiços; e quase todos – brancos, negros civilizados, mestiços – de olhos voltados para o Brasil e de ouvidos abertos não só à música como à voz dos brasileiros.

Dizia-me há dois anos, de regresso de rápida viagem às Áfricas Portuguesas, um professor estrangeiro – homem extremamente liberal em suas ideias políticas e que, por isso mesmo, enxerga "reacionários" ou "conservadores" em todos aqueles que não sejam de todo da sua ideologia – não ter surpreendido tendências à democracia racial nem na Angola nem em Moçambique. Tendências que se exprimissem em numerosos e atuantes mestiços.

Parece que seu contato com as populações dessas duas terras foi demasiadamente turístico e demasiadamente simplista: o dos que na África – mesmo na Portuguesa – só enxergam brancos e pretos. Só os extremos. Do contrário teria numa e noutra terra – sobretudo em Angola – encontrado, como tantos têm encontrado, numerosos intermediários: pardos, alaranjados, morenos escuros de várias *nuances*. Gentes de "vária cor". Mestiços. Mestiços mais numerosos na realidade do que nas estatísticas. Mestiços, alguns deles, em franca ascensão social. Não tão numerosos, é certo, como no Norte do Brasil e em Cabo Verde. O ritmo de miscigenação tem sido infelizmente mais lento naquelas terras do que no Brasil e nas ilhas do Cabo Verde. Mas constituem já, os mestiços, um elemento considerável, pela sua atuação social e cultural, na população de Moçambique e sobretudo na de Angola. Avantajam-se em ascensão social e intelectual aos negros puros dos quais, com efeito, as administrações portuguesas não têm cuidado, como deviam vir cuidando, nem na Angola nem em Moçambique, em elevar a cursos universitários e superiormente técnicos que os preparassem para posições de liderança e responsabilidades de chefia – política, industrial, agrária – nas duas Áfricas. Mas esta é também, em ponto menor, é certo, uma deficiência do Brasil com relação a elementos mais rústicos ou mais arcaicos da sua população de "vária cor", nem toda ela – quem o ignora? – inteiramente nacional: em parte, ainda subnacional. Que o diga o ainda quase pária do hoje tão em voga Nordeste.

A África Portuguesa tem trezentos mil brancos em Angola, duzentos mil em Moçambique, aos quais se juntam, nessas duas áreas, mais de trezentos mil mestiços e dezenove mil asianos, muitos deles portuguesíssimos goeses. Quase um milhão de brancos e mestiços aos quais devem ser acrescentados, nas mesmas duas áreas, os não poucos negros já sociologicamente portugueses; e noutras áreas do continente africano, os brancos, os mestiços, os assimilados da Guiné; e também os muitos madeirenses estabelecidos na África do Sul; os portugueses residentes nos Congos; os cabo-verdianos numerosos – quase todos mestiços – que vivem no Senegal. Mais, como base de população nacional, do que a base de população nacional predominantemente negra, de várias das novas repúblicas africanas. É assim sua população de mestiços, de brancos sociologicamente mestiços e de negros sociologicamente portugueses, uma das maiores de toda a África, na qual existem, segundo os cálculos mais atualizados, para cima de três milhões de mestiços, sem contarmos sessenta milhões de árabes e um milhão de asianos; gentes também de cor, entre as quais são muitos os mestiços. Poucos, é certo, em termos apenas quantitativos, as gentes de "vária cor" e com sangue europeu e asiano, para os 170 milhões de negros de várias etnias – entre os quais, aliás, os fulas e outros impuros – e de contraditórias culturas, espalhados pela pouco povoada África. Porém consideráveis – mais de quarta parte do total da população do chamado continente negro – dado o fato de virem sendo elementos mais socialmente dinâmicos, do ponto de vista da modernização da África em nações, que muitas das populações negras em estado apenas e estaticamente tribal; e de ordinário indiferentes, por sua condição tribal, a aspirações ou a interesses propriamente nacionais, que são aspirações e interesses encarnados quase sempre por negros destribalizados e arabizados; e por mestiços e por brancos sociologicamente mestiços já integrados nos trópicos, embora alguns deles, europeus em grande parte da sua formação intelectual, com os quais rivalizam, aliás, vários negros intelectualmente europeizados, como os das elites das Áfricas chamadas de expressão francesa. Ou as das Áfricas sob domínio até há pouco, ou ainda hoje, britânico.

O que se verifica, porém, é que os negros "assimilados" e os mestiços das Áfricas Portuguesas, além de por vezes beneficiados por essa intelectualização, gozam quase sempre de regalias que lhes são negadas nas inglesas e sobretudo na União Sul-Africana. Podem mestiços e até negros casar, nessas Áfricas, nisto afins do Brasil, com brancas, sem que tais uniões constituam o escândalo que foi, há alguns anos, no democrático mundo anglo-saxônico, o casamento de uma filha de *sir* Stafford Cripps – grande inglês moderno de quem cheguei a receber, estando ele já mortalmente enfermo, uma das cartas mais compreensivas e mais fraternas que já recebi dentre as que me têm sido dirigidas em língua inglesa – com um negro retintamente africano. É certo que, mais do que os portugueses, os ingleses e até os franceses vinham fazendo, nos últimos decênios, de negros das suas Áfricas, bacharéis e graduados de universidades, aptos a desempenharem funções políticas nas novas repúblicas que viriam a ser criadas tão de repente. De alguns desses bacharéis note-se, porém, que são descendentes de escravos que do Brasil regressaram no século XIX à África, constituindo-se ali em grupos chamados de "brasileiros" que modificaram em várias áreas estilos de arquitetura, hábitos de alimentação, ritos religiosos, recreações, danças, música, dando-lhes um colorido brasileiro que permanece até hoje e que cabe a nós, brasileiros, reavivar.

A presença da moderna cultura brasileira não só nas Áfricas Portuguesas como noutras Áfricas, vizinhas das portuguesas e ameaçadas pela sombra do arianismo sul-africano, venho há anos insistindo em ser uma presença necessária à animação, à orientação e ao desenvolvimento em nações democráticas de gentes ainda presas a complexos tribais ou destribalizadas apenas em alguns dos seus elementos: gentes de quem se sentem afins tantos brasileiros de procedência em parte africana; gentes em quem se encarnam culturas que concorreram fortemente para a formação da moderna civilização lusotropical do Brasil; gentes cujos sentimentos, cujos problemas, cujas aspirações o brasileiro está em situação única de compreender, tornando-se o mediador, hoje tão necessário, entre europeus e não europeus. Entre europeus empenhados em desenvolver estilos verdadeiramente democráticos de convivência com os povos não europeus desejosos de se afirmarem, ante europeus, em nações quanto possível democráticas tanto no que se refira à democracia política – tão valorizada pelos anglo-saxões – como, principalmente, no que signifique democracia econômica – a supraglorificada pelos russos-soviéticos – e democracia racial. A democracia além de racial, social: a que o Brasil vem desenvolvendo como um brasileirismo de valor, sem nenhum exagero, universal. A que vem sendo elevada a ideologia brasileira por pensadores e sociólogos nacionais.

Creio ter sido em algumas dessas ideias que o presidente Jânio Quadros se inspirou para iniciativas de renovação da política exterior do Brasil, que vêm sendo seguidas pelo atual e ilustre presidente da República brasileira. Mas num e noutro caso, ao aspecto positivo dessa renovação juntou-se o lamentavelmente negativo de incluir-se com alguma precipitação e não menor simplismo a presença portuguesa no Oriente e na África entre aquelas formas cruamente "colonialistas" de relações de europeus com não europeus que repugnam, como não podiam deixar de repugnar, ao Brasil. Donde vir sendo, neste particular, o Itamarati injusto com a gente portuguesa, falho de solidariedade com as gentes genuinamente lusotropicais do Oriente e da África e prejudicial à própria gente brasileira e à sua missão de líder de uma democrática política social de "vária cor" que se contraponha tanto à de "branquitude", de europeus, como à de "negritude" que vem sendo animada entre africanos por nacionalistas de intenções dúbias.

Não faz muito tempo, o chefe da delegação da Cruz Vermelha Internacional ao Congo, o dinamarquês Jorgen Norredam, tendo visitado nessa categoria várias partes da África, comunicou ao jornal *Svenka Dagbladet* de Estocolmo, de 20 de março último – depoimento recentíssimo, portanto – ter encontrado na Angola a parte da África onde mais avançadas se apresentam, do ponto de vista democrático, as relações entre europeus e não europeus. Compreende-se assim – segundo esse dinamarquês idôneo – o afã de certos políticos africanos – refere-se evidentemente aos que, incitados, em alguns casos, por agentes russos-soviéticos, fazem da africanidade uma seita e da "negritude" (não é o caso do admirável Leopold Senghor) uma mística intransigentemente antieuropeia – em considerarem a Angola o principal obstáculo à deseuropeização da África. Deseuropeização de que poderia resultar a fácil ianquisição ou a rápida sovietização ou a suspirada indianização ou a calculada sinização de grande parte do continente africano.

Que os políticos africanos de consciência política e de ânimo democrático, se empenhem em movimentos, mesmo prematuros, que visem à descolonização total da África, compreende-se. Mas não que se extremem, por mística sectariamente antieuropeia, na deseuropeização e até na descaracterização daquelas culturas africanas já impregnadas, como a de grande parte da Angola – onde a quatro milhões de pretos, quer em estado tribal, quer, segundo uma já arcaica terminologia portuguesa, "assimilados", se juntam mais de meio milhão de brancos, de goeses e de mestiços – de influências saudavelmente europeias; e que são culturas, dado o sistema de relações entre europeus e não europeus que vêm condicionando seu desenvolvimento em culturas mistas, muito mais fluidas do que noutras partes da África; e marcadas por já numerosos casos de ascensão de pretos e de mestiços a postos de direção na vida administrativa da Província, a posições de responsabilidade em atividades intelectuais, clericais e econômicas, ao casamento de pretos e pardos com brancas e de goeses com pretas, ao convívio em termos de igualdade de pretos e de mestiços com europeus. Os políticos africanos que se entregam àqueles extremos de mística sectariamente deseuropeizante da África revelam-se racistas tão repugnantes aos brasileiros social e racialmente democráticos quanto os racistas arianistas da Europa e dos Estados Unidos e os castistas da Índia. Tão repugnantes quanto os brancos racistas, imitadores de belgas e de ingleses, que ainda agora existem nas Áfricas Portuguesas.

Que estes são, de todos os elementos que comprometem a presença portuguesa na África, aqueles que mais concorrem para turvar a solidariedade do Brasil, não só com o Portugal europeu como com aquelas populações lusotropicais da Angola e das outras partes do mundo, integradas no mesmo sistema de civilização racial e socialmente democrático que o Portugal de sempre – hoje já tão extraeuropeu como europeu – vem criando; e com deficiências e erros, alguns enormes, procurando desenvolver. Ilustre porta-voz do racismo que orienta a certas empresas para alguns de nós, pouco lusitanas, da Angola e de Moçambique, chega a ser desdenhoso do que considera, com o mais arcaico dos esnobismos, o mulatismo brasileiro. E nisto é acompanhado, infelizmente, por alguns portugueses que, sociologicamente, não são portugueses: são talvez belgas dos que administraram eficientemente o Congo e com igual eficiência fizeram dos negros do Congo os mais terríveis antieuropeus da África. Portugueses com vergonha de gostar de mulheres de cor. Portugueses anticamonianos. Portugueses contrários à "vária cor". Portugueses antiportugueses.

Enquanto se pronunciam antilusitanamente aqueles raros portugueses desviados, na África, da vocação social e racialmente democrática de Portugal, que escreve, em livro de fervorosa apologia dos africanos que se descolonizam, o inglês Basil Davidson? Que a África deu ao Brasil colonizado por portugueses negras como a célebre matriarca Jacinta, fundadora de famílias hoje ilustres, de Minas

Gerais; e que por essas Jacintas se pode fazer ideia exata do valor que a gente tribal africana representa para a formação de novas sociedades de tipo nacional.

Também na África Portuguesa há hoje Jacintas desse alto valor humano. Conheço algumas. Admiro-as. Respeito-as. Também com elas e com seus filhos – mestiços de "vária cor" – vêm se edificando lentamente na África sociedades lusotropicais semelhantes à brasileira e culturas afins da brasileira. São sociedades e culturas a que nós, brasileiros, continuadores dos portugueses e de suas responsabilidades de criadores de sociedades e de iniciadores de culturas democráticas nos trópicos, não podemos nos conservar indiferentes.

Somos fraternamente sensíveis às aspirações de independência desses povos. Somos fraternamente sensíveis às manifestações lusotropicais dessas culturas, já diferenciadas da do Portugal europeu. Mas somos também sensíveis – repita-se – às tentativas de novos imperialismos no sentido de absorverem pela violência comunista esses povos e de descaracterizarem pela força capitalista essas culturas. São agressões que nos atingem. São violências que nos ferem. Há para os brasileiros, e não apenas para os portugueses, uma África, hoje, talvez, já mais irmã, politicamente adolescente, do Brasil do que filha ainda menor politicamente de Portugal, que nos dói. Que nos preocupa. Que nos inquieta. Que desperta nossa indignação quando violada por intrusos. Que levanta nosso brio, quando agredida por estranhos. Que deve fazer os nossos dirigentes clamarem com todo o vigor de suas vozes contra os novos imperialistas de garras prontas para absorverem Angola e descaracterizarem Moçambique, através de falsos libertadores que nem angolanos são; que em vez de português falam francês e inglês; estranhos a Moçambique; nascidos fora da Angola.

Que Angola e Moçambique se tornem novos Brasis: mas pela vontade da sua gente e não por imposição de agentes deste ou daquele império. Pela sua gente e não por tais agentes.

Quando Antônio José de Almeida, presidente da República Portuguesa, exclamou em 1922 na Câmara dos Deputados brasileira: "Venho agradecer ao Brasil o ter-se tornado independente de Portugal", houve quem não o compreendesse entre portugueses. Entretanto Almeida falara certo. Sociologicamente certo. A independência brasileira, no plano político, não fez senão reforçar a interdependência entre todos os povos de língua portuguesa, no plano cultural, no plano social, no plano econômico, no plano da convivência supranacional em que vivem fraternamente esses povos, cada dia mais conscientes das tradições e dos destinos comuns que os prendem. A interdependência nesses planos é mil vezes mais importante que a dependência no puro plano político.

Saibam agir como continuadores de José Bonifácio os atuais líderes dos movimentos que procuram para as províncias portuguesas mais distantes do Portugal europeu, maior autonomia que a atual, e a interdependência entre os povos de língua portuguesa se ampliará e se aprofundará com essa maior autonomia de cada uma das partes que compõem a vasta comunidade, hoje madura para constituir-se em vigorosa federação lusotropical. Luso-brasileira só, não: lusotropical. O que é preciso é que aventureiros fantasiados de portugueses não usurpem, a serviço de qualquer dos quatro ou cinco imperialismos agora em conflito, na África e no Oriente, o comando desses movimentos autonomistas a novos e honestos Josés Bonifácios que se empenhem em criar quanto antes autonomias quase nacionais ou mesmo nacionais sem destruírem ou comprometerem a interdependência essencial ao desenvolvimento dos vários povos de expressão portuguesa no maior sistema de democracia exemplarmente racial e Deus queira que também de democracia social, de democracia econômica, de democracia política jamais espalhado pelas quatro partes da terra: aquelas de que falava Camões ao saudar no Brasil a "nova quarta parte".

Camões. Quem cita Camões no Gabinete Português de Leitura do Rio de Janeiro está na obrigação de recordar Joaquim Nabuco. Foi no Rio de Janeiro que o nome do brasileiro Joaquim Nabuco ligou-se para sempre ao do autor d'*Os Lusíadas*. Ao nome, ao pensar, ao sentir do autor d'*Os Lusíadas*.

Há 82 anos, a 10 de junho de 1880, dizia em conferência proferida na então capital de um Brasil ainda monárquico, a convite dos portugueses do Rio de Janeiro, o maior intelectual-político brasileiro da sua época e, de todos os grandes brasileiros de qualquer época, o mais lucidamente devotado ao culto camoniano, ver no sentimento de Pátria "um sentimento que se alarga, abate as muralhas da China que o isolam" para tornar-se "cada vez maior" e cada vez mais "um instrumento (...) de enlaçamento entre os povos". É como se apresenta hoje a muitos de nós a interdependência que cresce entre os povos de expressão portuguesa: como uma expansão do sentimento de pátria no de comunidade. Pátrias independentes e comunidade interdependente. Povos enlaçados numa federação de pátrias e de quase pátrias que se completem tanto com suas diferenças como com suas semelhanças. E que serão a afirmação definitiva da capacidade de povos em grande parte mestiços – gentes de "vária cor": mestiços de europeus com não europeus e contando em seu número negros, amarelos, pardos – para desenvolverem altas formas de civilização moderna e de convivência sociologicamente cristã em terras tropicais. Que estes são os nossos destinos comuns, de brasileiros e de portugueses: destinos que ultrapassam a mística dos estreitos nacionalismos e não apenas dos inumanos racismos.

Dos dois grupos nacionalistas que se batem pela chamada libertação de Angola sabe-se que um chega a ser sectariamente, fanaticamente, racista em sua mística de "negritude", nele estimulada, em grande parte, pelo maquiavelismo de estranhos, interessados em lançar africanos contra europeus. São expressivas, a esse respeito, as palavras de recente panfleto afrorracista divulgado na África contra Angola: "Angola não é dos brancos (...) que lá nasceram nem dos mestiços. Angola é dos negros, apenas dos negros! Os brancos e os mestiços terão que desaparecer!".

Palavras que ferindo o que Angola tem de mais democrático – a sua democracia social através daquela mestiçagem que vem sendo praticada por numerosos luso-angolanos, ao modo brasileiro – ferem o Brasil; e tornam ridícula – supremamente ridícula – a solidariedade que certos diplomatas, certos políticos e certos jornalistas do Brasil de hoje pretendem, alguns do alto de responsabilidades oficiais, que parta de uma população em grande parte mestiça, como a brasileira, a favor de afrorracistas. Que afinidade com esses afrorracistas, cruamente hostis ao mais precioso valor democrático que vem sendo desenvolvido pela gente brasileira – a democracia racial – pode haver da parte do Brasil? Tais diplomatas, políticos e jornalistas, assim procedendo, ou estão sendo mistificados quanto ao afrorracismo, fantasiado de movimento democrático e de causa liberal, ou estão sendo eles próprios mistificadores dos demais brasileiros. Nós, brasileiros, não podemos ser, como brasileiros, senão um povo por excelência antissegregacionista: quer o segregacionismo siga a mística da "branquitude", quer siga o mito da "negritude". Ou o da "amarelitude".

Tais segregacionismos são, no mundo crescentemente inter-relacionado, em que vivemos, absurdos sociológicos. Absurdos biológicos. Tão absurdos que a própria África do Sul, a despeito de todas as suas leis segregacionistas, está cheia de mestiços. Cheio de mestiços está o Sul dos Estados Unidos. Mestiços aos quais também se estende a solidariedade brasileira.

Há dezenas de anos, Wells já observava, no seu famoso *Outline of History*, resumindo o melhor saber biológico de sua e de nossa época, terem as variedades de *homo sapiens* resultado de diferenciações somente tornadas possíveis pelos longos períodos de segregação vividos por vários grupos humanos em diferentes partes do mundo, por falta quase absoluta de meios físicos de comunicação entre eles. Essa segregação se tornara impossível com as modernas comunicações, com a moderna riqueza de contatos entre homens dos grupos mais distantes uns dos outros no espaço físico. Já não estaria, provavelmente, ocorrendo – pensava Wells há quase meio século – nenhuma diferenciação do ponto de vista biológico mas, ao contrário, crescente reunificação das variedades de *homo sapiens*: "Men mingle more and more. Readmixture is now a far stronger force than differentiation".

O que fez outro anglo-saxão ilustre, Roy Nash, considerar o brasileiro, mais próximo do que qualquer outro povo de constituir uma síntese completa, no sentido daquela reunificação; e a expressão, como tal, de um drama biológico de "tremenda importância" – palavras de Nash – para todos os homens. Drama biológico desdobrado em drama sociológico é o que é hoje não só o Brasil como todo o mundo de expressão portuguesa. Somos a antecipação de uma tendência que não tardará a generalizar-se a outros povos.

Toda a antecipação importa, porém, em dor. A mestiçagem em que nos antecipamos, os brasileiros, a outras democracias modernas, por vezes nos aflige. Por ela temos sido mais de uma vez ridicularizados. Desprezados por povos com pretensões a serem de raça pura. Insultados por esnobes convictos de pertencerem a raças superiores aos grupos mestiços.

Mas é através dessa dor que estamos contribuindo, os brasileiros, como descendentes de portugueses e continuadores de portugueses, mais do que qualquer outro povo, para a reunificação do Homem. A mestiçagem reunifica os homens separados pelos mitos raciais. A mestiçagem reúne sociedades divididas pelas místicas raciais em grupos inimigos. A mestiçagem reorganiza nações comprometidas em sua unidade e em seus destinos democráticos pelas superstições raciais. A mestiçagem completa Cristo. A mestiçagem é o verbo feito homem –

seja qual for a sua raça – e não feito raça divinamente privilegiada: hoje a branca, amanhã a amarela ou a parda ou a preta. A mestiçagem é a democracia social em sua expressão mais pura. Sem ela fracassa o próprio Marx no que a sua ideologia tem de melhor.

Somos nós, brasileiros, descendentes de portugueses, continuadores de portugueses, os maiores responsáveis modernos pelo êxito dessa mensagem, hoje de significação tão grande para os homens de todas as partes do mundo. Que em todas as partes do mundo há quem ponha acima de regimes que deem, ou procurem dar, às populações, o puro bem-estar material que os belgas davam aos negros do Congo, sistemas de convivência em que o negro possa ser, através de iguais oportunidades, igual ao branco, o pardo igual ao amarelo, o moreno igual ao louro, o judeu igual ao ariano.

Sendo assim, quando Goa deixa de ser portuguesa para correr o risco de voltar aos extremos do regime de castas, que ainda degrada a Índia; quando da Angola se quer fazer, em vez de outro Brasil, outro Congo, dividido pelo ódio de negros contra brancos e de pretos contra mestiços; quando de Moçambique se pretende fazer colônia da União Indiana em vez de província portuguesa a caminho de ser também novo Brasil – a perda não é só para Portugal: é também, no plano ético e no plano cultural, para o Brasil; para o que o Brasil representa como moderna população, em grande parte, mestiça; e como civilização mista em que a valores europeus se juntam fecundamente valores não europeus. Mais: é perda para toda a humanidade em marcha para a reunificação do Homem através de uma mestiçagem de que Portugal já não se envergonha e o Brasil já não se desculpa perante ingleses ou escandinavos, argentinos ou canadenses. Pois como meia-potência o Brasil em grande parte mestiço não é inferior a nenhuma meia-potência de brancos de hoje. Como novo tipo de civilização moderna nos trópicos o Brasil não é inferior a nenhum outro tipo de civilização moderna em terras ardentes. Suas possibilidades, que apenas se esboçam, são, sem nenhum exagero, imensas. Desmoralizam todos os Gobineau. Porque com os modernos triunfos brasileiros se afirmam as vantagens da democracia racial e se desmancha o mito daqueles perigos mortais outrora atribuídos por sociólogos levianos e por biólogos precipitados tanto à mistura de raças como à vida em espaços tropicais: dois riscos que o português soube enfrentar em larga escala, unindo seu sangue aos de gentes de cor e espalhando-se por algumas das mais ásperas regiões quentes da Ásia, da África e da América. E triunfando. Criando Goas e criando Brasis. Criando Cabos Verdes e criando Angolas. Criando Moçambiques. Criando mestiços. Criando o bandeirante. Criando o sertanejo. Abandonando o frio das Terras Novas aos ingleses e o temperado das Áfricas do Sul a holandeses, a brancos, dos chamados puros: povos cheios de pavores dos trópicos. E aceitando o desafio dos trópicos. Respondendo a esse desafio com a mestiçagem. Valorizando terras quentes e demonstrando a capacidade das gentes mestiças e o valor das culturas mistas para desenvolverem, nessas terras ásperas, as mais altas formas de civilização.

5. CAMÕES: VOCAÇÃO DE ANTROPÓLOGO MODERNO?[1]

Camões está para a cultura de que a língua portuguesa é expressão como Shakespeare para a cultura anglo-saxônia de que é expressão a língua inglesa: um sujeito-objeto de controvérsia. Shakespeare, para alguns, como o próprio Cristo, para certos radicais, não teria existido, conforme a concepção de gênio literário que dele se faz. A teoria Bacon faz dele uma espécie de pseudônimo.

As controvérsias em torno de Camões não vão a tanto. Mas tem-se discutido o seu saber: a origem desse saber ou do seu conjunto espantoso de saberes. Saber no plural. De onde teria vindo? Como se teria sistematizado numa sua lusologia, isto é, numa adaptação de saberes a uma antropologia parafilosófica tendo por centro o homem lusitano, a relação desse homem com ancestrais e com contemporâneos de outras etnias e de outras formações sociais, o contato desse homem não só com mares nunca dantes navegados, porém com terras, paisagens, climas, de aspectos e característicos físicos até então desconhecidos?

Deve-se admitir, sem desprimor para Camões nem prejuízo para sua criatividade genial, que, nas suas descrições, registros e, sobretudo, nas interpretações desses inéditos, o autor de *Os Lusíadas* tenha se servido de informes altamente eruditos de várias origens e recebido influências também várias. Várias e até contraditórias. Porém camonianizadas por ele. Adaptadas por ele ao homem lusitano do qual ele se constituiu, em termos supremamente literários e – sugira-se – obliquamente antropológicos, uma antecipação de autobiógrafo coletivo de moderna concepção germânica.

Pois não há exagero em dizer-se de Camões que deixou ao mundo, n'*Os Lusíadas*, a mais completa das autobiografias coletivas que um homem de gênio já deixou de sua própria gente. Daí ser preciso acentuar-se n'*Os Lusíadas* esta dupla virtude que não vem sendo reconhecida: uma suprema virtude obliquamente

---

[1] Gilberto Freyre, *Camões: Vocação de Antropólogo Moderno?*. São Paulo, Conselho da Comunidade Portuguesa do Estado de São Paulo, 1984.

antropológica junto a uma suprema virtude literária, através da revelação de uma gente que, através dessa revelação, assim suprema, passou a ser a mais primorosamente autobiografada do Ocidente. Primorosamente tanto na expressão literária de tão vasta, abrangente, compreensiva autobiografia coletiva, como no que constitui seu conteúdo antropológico no aspecto que nos nossos dias veio a denominar-se social e cultural.

Os Lusíadas é, assim, uma suma antropológica como não a possui igual, vinda de dias tão remotos, outra moderna sociedade nacional do Ocidente. E essa ciência – espécie de antecipada lusotropicologia acrescida de sensibilidade a ocorrências transoceanicamente exóticas – escrita numa língua que, ela própria, une, n'*Os Lusíadas*, ao valor antropológica e socialmente linguístico da expressão literária, o elemento, mais amplamente socioantropológico, de ter-se constituído, em dias remotos, no que seria a base de unidade não só de espírito, de sentimento e de vivência, entre gentes dispersas – lusitanas e não lusitanas – como de sensualidade verbal. Sensualidade verbal, vocabular, musical, característica de uma forma de expressão que, sendo neolatina nas raízes, cedo mostrou-se aberta a receber, sobre essa expressão europeia, sugestões e influências não europeias, vindas de trópicos, ou de falares, sons, ritmos não europeus. Sugestões que podem ser surpreendidas senão no escrever do autor de *Os Lusíadas*, na sua receptividade a cores novas e várias para olhos europeus e a sabores e odores também novos e vários para europeus.

Brilhante intelectual brasileiro, João de Scantimburgo, publicou há pouco, em São Paulo, uma *Interpretação de Camões*, na qual surge com inesperada tese acerca do que, de início, considera o espantoso conjunto de saberes revelado pelo autor de *Os Lusíadas*: quase tão espantoso quanto o que transborda de Shakespeare, numa superabundância, ainda hoje, assombrosa para críticos, analistas, intérpretes e estudiosos do fenômeno shakespeariano. A tese do intelectual brasileiro inclui a integração do pensamento – e poderia dizer-se, da antropologia parafilosófica – de Camões, na linha da filosofia aristotélico-tomista. Para João de Scantimburgo, essa integração ter-se-ia verificado menos por via erudita que através do que considera um tanto vagamente "a sublime pureza de sua poesia". A despeito do vago dessa caracterização, contrária à generalizada aproximação Camões-Platão, a tese surge de modo fascinantemente polêmico no seu aspecto psicológico, tanto mais quanto a integração da antropologia de *Os Lusíadas*, na filosofia de São Tomás, colocaria o grande autor português, sabidamente boêmio, don-juanesco, livremente lírico e, até, erótico, entre apologistas ou seguidores de um pensamento católico, na sua ortodoxia, quase puritano.

Nada impede esta sugestão de síntese das influências que teriam confluído para o surpreendente conjunto de saberes revelado por Camões em sua lusologia: o terem sido uns, de origens eruditamente clássicas, dentro de vasto conjunto de origem diversas e até aparentemente contraditórias. E terem procedido outros, de estímulos contemporâneos diretos, através de impressões pessoais, de experiências individuais, de aventuras românticas do próprio poeta como homem não só de leituras, como de iniciativas e arrojos de ação. Essa confluência de estímulos, sugestões, informes, ter-se-ia verificado através de uma personalidade antropologicamente menos apolínea que dionisíaca.

Na verdade, o que se sabe da vida de Luís de Camões nos põe em contato com uma personalidade lusitanamente dionisíaca como dionisíaca parece ter sido, um tanto em contradição com a imagem simbólica do homem inglês, a personalidade de Shakespeare; e dionisíaca é evidente que foi a do, tanto quanto Camões, ibérico, Cervantes. Ambos, Camões e Cervantes, foram homens marcados por prisões, degredos, riscos, Camões também por duelos e castigos por arrojos amorosos. Dois exemplos de personalidade ibericamente dionisíaca, não lhes tendo faltado, como homens dionisíacos, contatos os mais populares e, até, plebeus, que os teriam enriquecido de uma opulenta amplitude de experiência humana.

Em Camões, essa experiência incluiria, dados seus contatos com o Ultramar, amores dos, para um europeu louro, alvo, nórdico, como ele parece ter ortodoxamente sido, exóticos: aventurosamente exóticos. Com mulheres de cor. Com mulheres de formas e odores de corpo e modos de sorrir, de andar, de fisicamente amar, os mais diferentes dessas formas em suas expressões características de mulheres europeias. E pode-se supor que tais aventuras enriqueceram, de modo notável, não só sensualmente como romanticamente, liricamente, sentimentalmente, e também antropologicamente, sua experiência amorosa ou sua experiência, quer de mulher por homem, quer de mulher do tipo primitivo, por homem sofisticadamente, civilizadamente, ortodoxamente europeu e até – por contraste com seus contatos com esse tipo de mulher mais intuitivo – lógico, racional, embora sem lhe faltarem crenças ou sensibilidades cristãs. O que, sendo exato, faz de Camões, considerado em termos antropológicos de sua personalidade de homem misto de criativo e de boêmio, o maior poeta, dentre os que, até hoje, deram maior ou mais alta expressão poeticamente literária a um encontro de europeu civilizado com terras, paisagens, gentes e, especialmente, mulheres, não civilizadas.

A ser exato o que aqui se sugere, em Camões, no que dele se sabe do erótico ou amoroso de mulher, em que quase se extremou o épico, foi homem condicionado ou servido pelo lírico, o nacionalmente português pelo transnacionalmente não só ecumênico como – para empregar moderno termo antropológico – exogâmico, capaz de muito lusitanamente concorrer para o domínio português de terras não europeias, através das consequências desses amores exogâmicos: filhos mestiços. É possível que os tenha tido tanto de mães indianas como de africanas.

O pesquisador Wilhelm Stock, que tanto se aprofundou no estudo de Camões, deparou-se com não poucos mistérios de ordem literalmente biográfica. Indo-se, porém, além do literalismo biográfico, pode-se supor do autor de *Os Lusíadas* de, como síntese, que parece ter sido, de tantos aspectos de uma autobiografia coletiva do português descobridor de novos mundos, ter sido um procriador de mestiços transeuropeus: inclusive lusotropicais. A não ser que ao seu ardor amoroso, à sua sensualidade de *donjuán* louro de mulheres morenas, não tenha correspondido a capacidade especificamente procriadora: uma deficiência congênita ou por doença. O que aqui se sugere, de modo pouco lírico, por fidelidade a um critério: o de uma tentativa de reintegração de Camões em termos antropológicos. Antropologia física e não apenas social e cultural.

O insigne folclorista brasileiro Luís da Câmara Cascudo ficou encantado com a definição de antropologia que encontrou em Ruth Benedict: "*Anthropology is the study of human beings as creatures of society*". E, assim orientado, apresenta seu *Dicionário do Folclore Brasileiro* como "depoimento humano e fraternal do cotidiano, do imediato, do trivial..." que, poderia ter acrescentado, foi o tipo de antropologia pioneiramente característico do livro – que seja desculpada a citação – *Casa-Grande & Senzala*. É que Câmara Cascudo vinha sendo vítima da distorção do conceito do estudo antropológico numa espécie de estudo tecnocrático, quer do que fosse o homem biológico, quer do que fosse, em termos psicossociais, sua cultura.

Sob esta última perspectiva é que se pode considerar em termos antropológicos, não só o que escreveram sobre assuntos humanos, além de grandes escritores modernos do tipo de Malraux, poetas antigos da grandeza de Camões. De sua acuidade paracientífica junto ao vigor de sua forma literária.

Do crítico francês André Rousseaux é a expressão "epopeia antropológica" para designar livros de amplitude interpretativa sobre sociedades ou culturas humanas surpreendidas nos seus aspectos dramaticamente característicos: drama, no caso, no sentido sociologicamente orteganiano. É desse tipo de drama, com aspectos líricos, que Os Lusíadas pode ser considerado exemplo máximo. John dos Passos, norte-americano descendente de português, talvez tenha pretendido modernizar o arrojo camoniano com relação a Portugal, ao aplicar o difícil modelo e uma reinterpretação, também ela, em essência, socioantropológica, nos Estados Unidos. Tentou uma epopeia antropológica. Epopeia antropológica foi também a empreendida, com extraordinário vigor verbal, por Euclides da Cunha com relação ao Brasil sertanejo. E por Lawrence em Seven Pillars of Wisdom [Os Sete Pilares da Sabedoria].

Pode-se, entretanto, afirmar de Camões que, até hoje, não foi superado como criador de uma epopeia dramaticamente antropológica com aspectos líricos: combinação aparentemente impossível. Pois se não é fácil dar configuração antropológica, supostamente científica e não apenas humanística, ao que seja dramático, ou tenha sido, dramático, na experiência sociocultural de uma gente, mais difícil se torna introduzir, nessa configuração, aspectos líricos inevitavelmente destoantes de um ritmo dramático. Façanha de Camões ao produzir, em termos repita-se que supremamente poéticos ou literários, a apresentação antropológica de uma das fases mais significativas da experiência humana – assim considerada pelo historiador-sociólogo Arnold Toynbee, ao destacar a importância de Vasco da Gama, esquecendo-se da figura igualmente épica do Infante Dom Henrique – que teve, nos portugueses, executores ou realizadores ou antecipadores máximos.

Foi com esses antecipadores e com o que o seu arrojo representou de inovação, em termos antropológicos, quer de antropologia física, pelo pioneirismo da vivência e convivência íntima de europeus em espaços basicamente não europeus, particularmente nos tropicais, e mesclando-se com suas gentes e suas culturas, quer de antropologia social e cultural, pela sua também pioneira acomodação, além de física, social e cultural, a situações não europeias. Com esse convívio íntimo, duplamente antropológico, com não europeus, é que Camões se identificou, em termos os mais viventes e conviventes, antes de se tornar o genial anotador, por vezes quase científico sem lhe faltar sensibilidade lírica, de contatos humanos tão aventurosos, tão experimentais, tão antropologicamente significativos para futuros, não só biossociais, como socioculturais, tanto do homem português, em particular, como do homem civilizado, em geral.

Precisamente neste ponto é que aceito com alguma reserva a sugestão interessantíssima do meu ilustre compatriota, colega e amigo João de Scantimburgo, de ter Camões sofrido influência, que possa ser considerada notável, aristotélico-tomista em sua visão das novas partes do mundo de que se tornaria, em termos principalmente poéticos ou literários, o primeiro grande intérprete. Pois não parece que a perspectiva aristotélico-tomista dessas novas partes fosse a favorável àquela receptividade ao novo – sobretudo ao tropicalmente novo – revelada por Camões. Sabe-se que os aristotelistas ortodoxos chegavam a não admitir a possibilidade de vida humana nas regiões quentes. Os aristotélico-tomistas, seria de se esperar que os acompanhassem nessa atitude, para eles, científica.

Sou dos que atribuem a uma atitude contrária à aristotélica, a nominalista, a perspectiva científica mais favorável às descobertas que se iniciaram no século XV – um século antes de Camões – com Portugal participando decisivamente desse início. Esse nominalismo ligado às descobertas, representaram-no, na Igreja Católica Romana, não dominicanos aristotélicos, porém franciscanos. Esses nominalistas, os franciscanos, inclinados a uma ciência experiencial e experimental, os sabedores ou provectos da época que teriam influído, de modo maior, sobre o que viria a ser a atitude antropológica, além de geográfica ou, diríamos hoje, ecológica, de Camões, em face das descobertas ou dos descobrimentos incorporados pelo autor de Os Lusíadas à missão épica dos portugueses, como nação, num mundo a desdobrar-se em novos mundos: com novos tipos de terras, novas formas de paisagem, novas relações entre terras e águas e, sobretudo, com novos tipos de homem e de mulher.

Não repudio, de modo algum, a sugestão de, aos saberes espantosos de Luís de Camões, não ter faltado o aristotélico-tomista. O ilustre intelectual brasileiro que é João de Scantimburgo acrescenta à erudição de Camões a possibilidade de uma nova fonte. O que me parece, porém, é que, sobre o autor de Os Lusíadas, teria atuado, liberando-o de convicções convencionais, mais o revolucionário nominalismo, encarnado na Igreja, principalmente pelos franciscanos, do que o aristotelismo, a que se ligaria, de algum modo modernizando-o, o tomismo: o tomismo que, por sua vez, modernizando-se num neotomismo, daria a Maritain uma visão antropológica com alguns pontos de contato – pode alguém sugerir – com a daqueles franciscanos defensores de um cristianismo menos eurocêntrico em suas relações com não europeus. Talvez o cristianismo de Camões, amigo, em Goa, de um Garcia de Orta pioneiramente aberto a uma fraterna receptividade pela ciência europeia a saberes orientais ou não europeus, tenha favorecido sua atitude paracientificamente antropológica, também assim aberta.

Em livro intitulado O Luso e o Trópico – que foi lido há pouco, com algum entusiasmo, pelo grande Eugene Ionesco, depois de um seu maior contato com o Brasil, interessadíssimo em origens brasileiras – procurei abordar, há anos, em Camões, um, a seu modo, tropicalista. O que, a ser exato, teria sido um aspecto da visão antropológica de Camões épico.

É claro que quando se sugere do livro – ou mais que livro – Os Lusíadas, ter sido a maior das epopeias antropológicas já escritas, entende-se por antropologia aquela abrangente abordagem, quanto possível científica, antes de tornar-se filosófica, que, indo além, na sua parte transfísica ou transbiológica, do estudo de culturas ou sociedades primitivas, detém-se na consideração sociofilosófica dos contatos de civilizados com primitivos. Contatos que, de físicos, se ampliaram em socioculturais ou em psicossocioculturais.

A visão de Camões de gentes não europeias é sempre a de um europeu ibérico, particularmente lusitano. E esse lusitano, cristão.

Ele nunca pretende ser um abstrato homem civilizado descomprometido com opções nacionais e cristãs de ética, dentro de opções nacional e cristãmente culturais. Daí sua visão antropológica ser, na sua parte sociocultural, por vezes quase sociológica em suas implicações qualitativas.

Do professor Mario Cappieri, antropólogo italiano da Universidade Oriental de Nápoles, é uma lúcida discriminação entre os conceitos predominantemente anglo-saxões e os eurolatinos de antropologia mais moderna, com o eurolatino, ou, particularmente, italiano, fixando-se em estudos especificamente antropométricos, arqueológicos, biológicos, biométricos, criminológicos, demográficos, etnográficos, glotológicos, paleontológicos. Enquanto o conceito caracteristicamente anglo-saxônio viria, com perspectiva moderna, juntando à antropologia física ou biológica, a social e a cultural de modo tal que, por vezes, vem-se confundindo não só com a sociologia mais humanística, porém com os estudos mais qualitativamente humanísticos, inclusive os históricos, os literários e os filosóficos, alguns dos quais susceptíveis de serem considerados quase cientificamente antropossocioculturais. O chamado humanismo científico.

Foi pela sua antecipada sensibilidade a esses aspectos antropo-humanísticos, em dias recentes tão considerados por antropólogos anglo-saxões, que Camões, em Os Lusíadas, chegou, no seu modo de ser épico, nesta dimensão, a epicamente literário. E sem se mostrar indiferente a aspectos físicos de populações e ambientes não europeus, considerando formas de comportamento também não europeu com olhos de europeu, além de ibérico, particularmente lusitano e cristão, pode-se sugerir ter sido já uma espécie de para-antropólogo. É certo que só com as expansões europeias em espaços não europeus, portugueses e espanhóis, desenvolveram-se pioneirismos para-antropológicos do tipo do de Camões, à base de antecipações de cronistas e missionários católicos em Orientes e em Áfricas, e Américas, inclusive, no Brasil e, juntamente com outros europeus, como, com relação específica ao Brasil, o franciscano André Thevet, tão valorizado pelo moderno antropólogo Alfred Métraux, se realizaram começos de estudos sistematicamente modernos de populações não europeias. Estudos que, em dias modernos, se aprimoraram cientificamente, em Portugal, nos – entre outros – do professor Mendes Correa. E, no Brasil, por Gonçalves Dias, por Couto de Magalhães, por Roquette-Pinto, com relação a ameríndios e, por Nina Rodrigues, com relação a afronegros.

Ao considerarmos Os Lusíadas uma expressão suprema de epopeia antropológica – para nos utilizarmos da definição de André Rousseaux, desse tipo de obra literária sem deixar de ser mais que literária – impõe-se a pergunta: que espécie de para ou protoantropólogo ou socioantropólogo moderno, terá sido, em termos supremamente literários, Luís de Camões? Creio que da espécie que um dos maiores mestres modernos de antropologia, A. L. Kroeber, definiria como expressão estética, diferenciada, segundo o famoso antropólogo estadunidense, que ampliou a visão científica da antropologia de Franz Boas, de perspectivas, quer apenas naturalistas, quer apenas místicas do Homem, em científico-humanista. Para Kroeber, seu mestre, o grande Boas – de quem, como brasileiro, teria o futuro autor de *Casa-Grande & Senzala* a rara oportunidade de, ainda muito jovem, ser discípulo na Universidade Columbia – nunca tendo elaborado um abrangente sistema teórico de antropologia – o que tem motivado severas críticas ao seu antropologismo – revelou-se, nessa sua atitude, um cientista estritamente científico. Um tanto alheio, por isto, ao que Kroeber considera terem sido "*particular theoretical points*".

É de J. S. Stokin, em sua *Social Anthropology* (1950), uma visão estética do Homem que vem importando numa abrangência revolucionária de perspectivas antropológicas dentro da qual seria talvez possível situar o pioneiro proto ou para-antropologismo poético de Camões. Pois parece haver em Camões a tendência para valorizar no homem – no seu caso não só o homem europeu em espaços não europeus como o homem não europeu, visto nos seus físicos e nas suas culturas por um europeu civilizado através de expressões artísticas representativas desse não civilizado – precisamente as expressões físicas e as culturas desse homem não europeu mais capazes de sensibilizar esteticamente um observador europeu, e serem, por eles, consideradas representativas de conjuntos socioculturais.

Camões é de todo explícito na definição do seu tipo de observar tais expressões físicas e tais culturas: provando-lhes sabores e odores; notando-lhes cores e formas; confiando nos seus olhos discriminadores e no seu trato direto com novas situações e, na sua "peleja", pode-se interpretar que contra-aparências do puro real e a favor de um mais que real nas surpreendidas suas esquivas intimidades. Daí anunciar dessa sua atitude de observador, de descobridor, de analista:

> Não se aprende, Senhor, na fantasia
> Sonhando, imaginando ou estudando
> Senão vendo, tratando e pelejando. (X, 153)

O que importa em ter sido precursor da chamada pesquisa de campo em antropologia, tanto física como sociocultural, característica da moderna antropologia. Mais este pronunciamento, autobiográfico, de Camões no mesmo sentido de definir-se como precursor da mais moderna antropologia.

Nem me falta na vida
   honesto estudo
Com longas experiências
   misturado
Nem engenho que aqui
   vereis presente
Coisas que juntas se
   encontram raramente.
           (X, 154)

Creio poder-se acentuar desse tipo de proto ou para-antropólogo que, n'*Os Lusíadas*, retrata figuras de não europeus e fixa formas de seus comportamentos socioculturais, constituir pioneirismo nada insignificante. O que Camões consegue – repita-se – não apolineamente, mas dionisiacamente. Estudando, é certo, mas aos estudos acrescentando experiências em alguns casos, pode-se supor que retificadoras de estudos ou pronunciamentos abstratos. Retificadoras de Aristóteles como "magister dixit".

Os professores António José Saraiva e Óscar Lopes confirmam, na sua magistral *História da Literatura Portuguesa* (Porto, s.d.), da obra de Camões, esta singularidade magnífica: ter sido "elaborada sobre uma experiência pessoal múltipla que nenhum outro escritor reuniu sozinho na sua época". E constatam que "quase tudo o que se manifestou na literatura portuguesa de Quinhentos (...) encontra um reflexo na lírica ou na épica de Camões". Um Camões, neste particular, shakespeariano, havendo quem chegue a considerar Shakespeare – recorde-se – plagiário, pelo que juntou de assimilações.

Destacam, ainda, os dois citados historiadores portugueses – para voltarmos a eles – que nenhum dos escritores portugueses, mais famosos, seus contemporâneos, passou, como ele – Camões – "pela experiência da guerra e da vida oriental". Pelo que, nenhum deles poderia ter dito como o autor de *Os Lusíadas*, ter sido

   ... peregrino, vago, errante
   vendo nações, linguagens e costumes
   céus vários, qualidades diferentes.

Ostentando, portanto, como homem do século XVI, o que um antropólogo como o inglês famoso Lawrence da Arábia – o autor de *Seven Pillars of Wisdom*, livro tão da admiração de Winston Churchill – poderia ter ostentado como romântico cientista social da nossa época.

Não faltou a Camões experiência ideal para uma visão antropológica da vida e do mundo em termos supremamente para-antropológicos, além de viventes e conviventes – existenciais, portanto –, comparativos. Visão já quase científica e não somente humanisticamente valiosa, a sua. O humanismo experiencial que nele completou extensas e profundas leituras humanísticas, através do que, sem nenhuma tola modéstia, confessa ter sido "honesto estudo". Poderia ter-se apresentado como exemplo vivo, concreto, quase absoluto, de "saber de experiência feito".

Se para ele, neste ponto, discípulo de Platão, a beleza das mulheres de carne era apenas reflexo da beleza supremamente pura, a "bela forma humana" nunca deixou de seduzir os olhos pelo que neles havia de para-antropólogo estético. E essa sedução, acompanhada de ânimo erótico.

Com razão se tem observado de Camões que nele é marcante a confiança no domínio da natureza pelo homem: o pioneiro para-antropólogo a confiar no domínio da natureza pela cultura humana. O predecessor remoto de uma antropologia filosófica, que, baseando-se numa antropologia social e cultural que liberta o indivíduo biológico do determinismo biológico e reconhece, nesse indivíduo socializado em pessoa, ou em *socius*, a capacidade de desenvolver formas e instrumentos de cultura favoráveis à sua crescente libertação de determinismos: não só do biológico como do geográfico. A ânsia, surpreendida argutamente em Camões pelos professores Saraiva e Lopes, "por um amor sem barreiras sociais nem convenções hipócritas" e, por conseguinte, capaz de superar preconceitos, quer de classe e, até, de credo, quer de raça, permite-nos situá-lo como *pró* ou *paras*sociólogo empático – acentue-se: empático – identificado com a tendência que, sem dúvida, observou nos seus compatriotas do Ultramar, para uniões amorosas à revelia de tais preconceitos. Os referidos mestres do Porto ligam à atitude de Camões – e dos portugueses – para com amores à revelia de "barreiras" ou de "convenções", o patrocínio de Vênus sob o qual foi escrito *Os Lusíadas*:

> Relevo atribuído à deusa em todas as ações dos nautas e de outros heróis históricos (portugueses), pela alegoria da Ilha dos Amores, além de exemplificar-se no sublinhado em que são versadas as tragédias amorosas ou os

aspectos eróticos das tragédias, os casos de ingratidão régia e a falta de proteção que deveria ser concedida aos que redouram a glória das armas com a glória das letras.

Válida tal sugestão, ela concorreria para dar ao erotismo, à amorosidade, à sexualidade significativamente presentes em *Os Lusíadas*, aqueles aspectos coletivamente positivos que, no livro brasileiro *Casa-Grande & Senzala*, são associados a práticas poligâmicas através das quais os patriarcas dessas casas, como *donjuáns* de bonitas mulheres afronegras das senzalas ou agrestemente ameríndias, contribuíram, desde os primeiros tempos da colonização portuguesa do Brasil, para desfibrar antagonismos, quer de classe, quer de raça, entre senhores e escravos, e aproximar esses extremos, ou contrários, antropológicos, através de mestiços, filhos de amores sem barreiras.

Camões diz no seu épico:

> Doutos varões darão razões subidas
> mas são experiências mais provadas
> e por isto é melhor ter muito visto.

Ao que poderia, talvez, acrescentar-se: ainda melhor é ter muito experimentado. O que esse erótico inveterado parece ter aplicado – acentue-se sempre – com relação a mulheres como expressões representativas, além de simbólicas, de raças, credos e costumes desconhecidos por europeus cristãos. E dos quais os portugueses se anteciparam a ser descobridores não só com os olhos, mas com os sexos. Camões, um desses descobridores como protoantropólogo que – tudo indica ou sugere – não se contentasse em antecipar-se em tais descobrimentos, apenas vendo as novas "belas formas". E sim também tocando nessas formas, apalpando-as, sentindo-lhes os odores, experimentando-lhes aventurosamente os contatos, sensual e romanticamente. Pois pode-se sugerir algum romantismo nessas sugeridas aproximações e não apenas crua lubricidade. Algum lirismo e não somente pura sensualidade.

O voluptuoso de mulheres é evidente que esteve presente em Camões proto ou para-antropólogo, a realizar, no século XVI, obra pioneira de observação de formas não europeias de gentes e de registro de costumes, de cotidianos, de pequenos nadas significativos de comportamento, da parte dessas mesmas gentes.

De onde sua protoantropologia assistemática, porém valiosa, tanto sob aspectos científicos como sob aspectos humanísticos.

A Camões não escaparam, no Ultramar, como matéria de interesse que hoje denominaríamos antropológico-cultural, aquelas "gentes incógnitas e estranhas" e também aqueles

> vários costumes, várias manhas
> que cada região produz e cria.

Repetiu, a seu modo, a colheita de informações dessa espécie, que Pero de Covilhã e Afonso de Paiva haviam empreendido, disfarçados em mouros.

O grande afã de Camões, como o de todo moderno antropólogo cientificamente especializado em antropologia social e cultural, foi o de ser exato na caracterização tanto de gentes como de paisagens:

> A verdade que eu canto nua e pura
> vence toda grandíloqua eloquência.

Que sirva de exemplo este flagrante de trajo de nativos por ele surpreendido no Ultramar:

> De panos de algodão vinham vestidos,
> de várias cores, brancos e listrados,
> uns trazem derredor de si cingidos,
> outros em modo airoso sobraçados;
> das cintas para cima vêm despidos,
> por armas têm adagas e traçados.
> Com toucas na cabeça e navegando
> anafis sonorosos vão tocando. (I, 47)

O registro antropológico-cultural é completo. O grupo retratado parece mover-se aos olhos do leitor. Suas cores brilham completadas substancialmente pelo modo de serem os panos de algodão. As armas são pormenorizadas. Os nus da cintura para cima nos fazem adivinhar seus restos de corpo. Suas toucas às cabeças permitem identificar suas condições sociais. E, aos ouvidos do leitor, quase chegam os sons dos anafis que o quase antropólogo moderno surpreende nos nativos, não inexpressivamente parados, porém andando e falando. Gravação de sons. Sugestões para filmes cinematográficos de observação ou documentação socioantropológica.

Note-se da sonora palavra *anafil* que é árabe. Camões não hesita em empregar palavras não europeias num poema escrito em português o mais castiçamente literário. Mas não se pode dizer que o mais academicamente literário: aos olhos e aos ouvidos dos puristas, essas suas liberdades poéticas e suas exatidões cientificamente antropológicas devem ter soado como pecados contra a língua que com "pouca corrupção" seria a latina.

Ouso sugerir de Camões que foi, a seu modo, um antecipador de Joyce, tal a sua arte de adjetivar homens, mulheres, vestes, de Orientes e de Áfricas, com palavras em que procura intensificar cores e brilhos, numa como vontade de tropicalizar a apresentação desses homens, dessas mulheres e de suas vestes. Isto, não para efeitos decorativos, mas no afã de dar-lhes maior verdade que poderia se considerar, usando termo em voga, ecológico. Um afã, portanto, antropológico, cientificamente antropológico e esteticamente antropológico.

Aquele orientalismo que Valery Larbaud, o tradutor do *Ulysses*, de Joyce, surpreendeu no estilo de Oliveira Martins, teria surpreendido na adjetivação de Camões n'*Os Lusíadas*: uma adjetivação em que adjetivos dos mais neolatinamente portugueses, porém de uso inesperadamente novo pelo poeta, surgem em brilhos como que não portugueses. Em brilhos surpreendentemente como que novos. Exóticos para olhos europeus, porém paradoxalmente ecológicos para caracterizarem homens, mulheres, trajos, tropicais ou orientais. Para o professor Hernâni Cidade, Camões, com esses adjetivos como que novos, quis dar sublimidade épica a *Os Lusíadas*. Divirjo do insigne mestre. Sugiro desse esplendor de adjetivação que talvez fosse por motivo menos retórico do que antropologicamente ecológico.

Pode-se ir além e supor que essa fulgurante adjetivação camoniana, caracterizada por estilistas literários como especificamente literária, teria revelado, da parte de Camões, nas páginas de *Os Lusíadas* em que surgem gentes e coisas orientais ou tropicais, um como empenho, de sua parte, de apreender, em culturas não europeias, seus "estilos", senão como "civilizações" como "culturas"; os estilos culturais da teoria lançada pelo moderno antropólogo Kroeber em seu *Style and Civilization*. A teoria de que as culturas, e não apenas as artes, têm seus estilos. Camões, o estilista literário, teria adaptado suas palavras à sua sensibilidade a estilos de culturas diferentes das civilizações europeias. Teria procurado revelar, nesse seu afã, um respeito por culturas diferentes das europeias – embora menos poderosas do que elas – que, segundo o professor Kroeber, teria faltado ao insigne Toynbee, ao destacar arbitrariamente culturas mais grandiosas, como superiores, de modo absoluto, às menos grandiosas. Camões deve ter aprendido na Índia, com seu amigo Garcia de Orta, haver possíveis superioridades, em aspectos de modo algum desprezíveis, de culturas orientais sobre culturas europeias: no próprio uso medicinal, além de alimentar, de ervas desconhecidas por europeus e por seus doutores em ciências desdenhosas de saberes não europeus. Desdenhosas de suas substâncias e dos seus estilos ou dos seus ritos.

Camões, o grande estilista literário, terá, em parte, harmonizado seu estilo de poeta épico, assessorado por um talvez pré-antropólogo nos seus registros de formas, não apenas humanas, mas de culturas orientais e tropicais, com sugestões de estilos de vida e de arte por ele genialmente surpreendidos nos cotidianos dessas cultuas. Nos seus próprios cotidianos aparentemente insignificantes de trajo. Nos seus cantos e nas suas danças como que folclóricos: diferentes dos solenemente ou liturgicamente religiosos do Ocidente. Nos seus ritos – tão significativos – ligados à sua alimentação. O estilista literário sensibilizado por estilos culturais. E acrescentando à latinidade literária, estilística, de sua expressão de poeta neolatino – lido muito em Platões e menos, talvez, que em Platões, em Aristóteles – sugestões vindas desses estilos de culturas diferentes da latina, das europeias, das imperialmente civilizadas e civilizantes.

Georges Le Gentil, mestre da Sorbonne, em admirável estudo publicado em 1954 sob o patrocínio do Centre National de la Recherche Scientifique, intitulado *Camoens, l'Oeuvre Epique et Lyrique*, nota da curiosidade de Camões por costumes exóticos, que não deve ser considerada preocupação "d'exploiter ce que nous entendons aujourd'hui par couleur locale". O que se pode surpreender nele é, mais de uma vez, traçar "silhouettes". Exemplo oferecido pelo mestre francês: o encontro de Camões com mouros em Moçambique. O poeta – pré ou protoantropólogo – fixa desses mouros as formas de suas embarcações, estreitas, longas, rápidas. Fixa suas vestes brancas com listras de várias cores. Gestos elegantes. As armas que ostentavam, muitos deles. Os turbantes. E quando as embarcações ganham as águas, os sons de trombetas anunciando-as.

O crítico francês Le Gentil – em mestre – lembra de Camões que observa na costa de Malabar as diferenças de classe na população. Separações fixas: castas. Os intocáveis. Observação de sabor evidentemente antropológico e que deve alegrar marxistas de hoje.

Observações diretas, as para-antropológicas, de Camões. Pessoais. Impressionismo do bom. Mas sem que o impressionista deixe de buscar confirmações em geógrafos e historiadores tão do seu apreço. Um critério responsavelmente científico que concorre para caracterizar Camões como um pré ou protoantropólogo, dentro de um insigne poeta dominador de palavras: inclusive de adjetivos. Inclusive de superlativos. Repetindo-se, por vezes, como se fosse um antepassado de Proust. Desdenhoso de opulência quantitativa de vocabulário e, neste ponto, em vez de rival de Shakespeare, antecipado, na língua portuguesa, daquele seu compatriota Eça de Queirós tão menos quantitativamente rico que Camilo Castelo Branco em vocábulos, mas qualitativamente tão superiormente mestre da arte das palavras, além de sensuais, novas, pelos seus relacionamentos inesperados. Os dois, Camões e Eça, preferindo inventar de tal modo novas relações entre substantivos e adjetivos que, através desses arrojos de relações, renovassem a expressividade de palavras liberando-as de colocações convencionais. No caso de Camões, é possível sugerir-se que essa arte de criar novas relações entre palavras, renovando-as de modo surpreendente, lhe tenha sido, em parte, inspirada por novas relações entre cores e entre sons que teria quase antropologicamente observado entre gentes orientais e tropicais. E as anotado com olhos e ouvidos de pré ou protoantropólogo do feitio estético a que se refere Kroeber. De precursor de socioantropólogo moderno.

Aqui cabe lembrar outra observação de Le Gentil: a de que há rejuvenescimentos de palavras, por escritores ou poetas, obtidos pela assimilação de sons de línguas estranhas. De sons e – acrescente-se a Le Gentil – de ecologias socioculturais. O que nos autoriza a perguntar: terá o Oriente ou o trópico marcado, para sempre, não só os olhos como os ouvidos de Camões, fazendo-o, como estilista, acrescentar aos sons latinos do português em que escreveu, toques orientais e tropicais que lhe parecessem necessários à captação de intimidades não europeias? Num esteta, como foi Camões, é possível que essa assimilação tenha ocorrido.

E esses sons orientais modificadores, como sons de uma nova musicalidade, da língua portuguesa, parece justo conjecturar-se que Camões os teria quase voluptuosamente assimilado de bocas brasileiras. De bocas de mulheres em particular, dada sua especial sensibilidade a orientalismos projetados sobre lusitanidades saídas de bocas, de sorrisos, de gestos femininos. Mas de bocas de gentes brasileiras em geral: de bocas de homens, de meninos, de ameríndios ainda verdes no seu uso da língua portuguesa, de negros dos madrugadoramente trazidos de Áfricas para um Brasil onde encontrariam o mesmo trópico de suas terras nativas: um trópico paradoxalmente mais deles, afronegros, do que de ameríndios de origens frias por eles, ao que parece, nunca de todo superadas no seu período de fixação em espaços tropicalmente americanos.

Há especialistas em linguística para os quais, considerando o assunto com ouvidos de hoje, os sons de *Os Lusíadas* se ajustam mais a interpretações brasileiras que a interpretações euro-portuguesas. Aqui entra a sociolinguística, moderníssima ciência em cuja criação está já identificada uma presença brasileira. A sociolinguística acentua, nas línguas, influências sociais ou socioculturais, que não vinham sendo consideradas pelos linguistas puros. Critério que aplicado a *Os Lusíadas* mostra que seus sons vêm correspondendo mais aos em voga entre brasileiros de hoje que tomados ortodoxamente, proustianamente, corretamente portugueses, por modernos euro-portugueses. Aqui a explicação seria a de os brasileiros virem conservando sons dos dias de Camões, menos conservados por bocas da Europa portuguesa, sujeita a outras influências europeias sucessivamente contemporâneas. Enquanto no Brasil os sons camonianos teriam sido mais casticamente seguidos por gerações sucessoras da de Camões, embora vindo a atuar sobre elas, no sentido de um ritmo diferente do europeu, o clima tropical. Europeização sociolinguística. Socioantropológica.

Sugerir-se de Luís de Camões ter sido uma vocação de antropólogo moderno é tese que se baseia em leitura atenta a antecipações dessa espécie, do grande épico da "vária cor": consagração, essa "vária cor", por poeta para quem o Brasil tendo sido por ele considerado "quarta parte" que, entretanto, seria, sem Camões ter visto a realização brasileira em antropologia física e em antropologia cultural, de intuições camonianas em torno de futuras fixações de gentes e valores de origem portuguesa, já tocada por influências não portuguesas – mouras, orientais, israelitas – em espaços de todo não europeus. Não europeus por clima, por vegetação, por vida animal. Em planos expressivamente modernos, em ecologia.

Justamente a sugestões ecológicas é que Camões foi sensível no seu modo de ser genialmente pré-sociólogo. Onde quer que esteve no Oriente – inclusive em Orientes tropicais – o homem sempre de estudo que em Camões coexistiu com o poeta criativo, Camões – nunca há excesso em acentuar-se – teve sua atenção voltada para paisagens, condições de vida, figuras humanas, costumes, usos, ritos que o cercavam. O que caracterizou nele uma evidente vocação de antropólogo moderno a estender seus contatos de português com não portugueses no já remoto século XVI.

Muito se tem comentado – lembrem-se, inclusive, palavras de dois brasileiros ilustres: Afrânio Peixoto e Eduardo Portella – as de Portella constando da excelente publicação do Gabinete Português de Leitura do Rio de Janeiro, *Orações e Discursos sobre Camões* (Rio de Janeiro, 1981) – sobre o que o professor Hernâni Cidade, tão abrangente analista do que em Camões foi épico, destaca como, em *Os Lusíadas*, "aparente contradição entre o autor do discurso que condena a largada" – isto é, o pronunciamento do Velho do Restelo – "e o autor das oitavas que exaltam a dilatação, que a tornavam necessária, da Fé e do Império". Pelo gosto do Velho do Restelo não teria havido aquele desdobramento de Portugal europeu em Portugal transeuropeu que tornou possível o Camões precursor de uma moderna antropologia através do que se antecipou em observar, fixar, analisar de costumes, formas de vida, relações de português com plantas exóticas – aspecto do saber ecológico de Camões magistralmente estudado pelo conde de Ficalho – de portugueses enriquecidos por contatos não europeus.

Será que, optando pelo rumo português de dilatação, em vez do de fixação europeia, Camões repudiou velhos em geral, como guias, informantes, orientadores de perspectivas antropológicas, além das ecológicas? Evidentemente, não. Lembre-se esta sua advertência:

> Tomais conselho só de experimentados
> Que viram largos anos, largos meses,
> Que, posto que em ciente muito cabe,
> Mais em particular o experto sabe. (X, 152)

O que coincide com sua confiança naquela disciplina militar por ele tão destacada e da qual, pode-se dizer, ser transferível à disciplina em estudos do homem pelo homem que, de gabinete, passem a ser de campo:

> A disciplina militar prestante
> Não se aprende, Senhor, na fantasia.
> Sonhando, imaginando ou estudando,
> Senão vendo, tratando e pelejando. (X, 155)

A espécie de disciplina no ver, no observar, no anotar que o faz registrar, com palavras exatas, de indígenas senhores de técnicas de todo não europeias de lidarem com embarcações – "pequenos batéis ... cortando o longo mar com larga vela" e alvoroçando e alegrando homens. E ao registrar tais ocorrências, acrescentar a pergunta: "que gente será essa?". E muito antropologicamente:

> Que costumes, que lei, que rei teriam? (I, 45)

Mas sem que se deixe de fixar o flagrante de certa relação imediata, dinâmica, coreográfica de nautas portugueses que param diante de acenos de braços e de passos de indígenas:

> tomam velas, amarra-se a verga alta,
> da âncora, o mar ferido em cima salta.

O instante registrado é o de um encontro entre duas espécies, não só de gentes, de culturas: uma primitiva, outra civilizada. Suas diferentes maneiras de, como diria o próprio Camões, ferirem o mar, para dominá-lo com suas embarcações. Aparece um Camões antropologicamente atento a essas diferenças no relacionamento de homens com águas de mar.

Lúcido o reparo do professor Hernâni Cidade de que Camões, em *Os Lusíadas*, não se contenta em louvar os antepassados. Acrescenta a tal louvor, comentários a atualidades dos seus dias. Sempre, porém, à base "de saber de experiência feito" e por "honesto estudo com longa experiência misturado", sem faltar a abordagens, assim objetivas, o "engenho". O engenho, no caso, o gênio do poeta. Sua criatividade. Sua imaginação articuladora de observações diretas e de antecipações a registros por outros europeus de relações entre civilizados e primitivos, entre civilizados e paisagens, águas, natureza não europeias. Nessas antecipações é que o épico deixou, por vezes, de ser eloquente para ser objetivo. E objetivo de tal modo, no seu trato de comportamentos humanos em face de desafios rústicos a europeus civilizados, que através da objetividade definiu-se um precursor de antropologia moderna. Aspecto de Camões antecipador que, no que apresenta de específico, deixou de ser fixado, tanto por Hernâni Cidade como por outros historiadores, biógrafos e intérpretes da personalidade múltipla não só de um épico que foi também lírico, como poeta, como de um poeta a quem não faltaram perspectivas surpreendentemente científicas ou paracientíficas: a de um quase antropólogo e a de um quase ecólogo modernos. Por vezes, a de um observador político em quem, igualmente, a objetividade não deixou que se extremasse nem em "Velho do Restelo" nem em apologista absoluto de aventuras ultramarinas de Portugal como a da Índia, com tantos desacertos. Pelo que se pode supor, de Camões que, se tivesse chegado a ter contato com a "quarta parte" da expansão portuguesa no trópico, isto é, com o Brasil, talvez tivesse encontrado, nos começos brasileiros, pioneirismo merecedores de sua simpatia. Onde, tanto quanto no Brasil, haveria tanto para Camões observar com aquele seu olhar genial, reconhecido por Humboldt ao destacar, de suas abordagens da natureza que, nelas, nem "a inspiração do poeta, nem o douto da linguagem, nem os suaves acentos da melancolia prejudicaram a precisão na pintura dos fenômenos físicos...?".

Poderia ter acrescentado que não o prejudicaram no registro, por europeu civilizado, de aparências e gestos de gentes, quer primitivas, quer não europeias em seus modos de civilizados. Registros em que foi um precursor daquela moderna antropologia que é pena não ter podido chegar a aplicar à por ele chamada "quarta parte" do mundo da cultura lusitana. O mundo de que se antecipou em ser, de forma supremamente literária, mas, evidentemente, mais que convencionalmente literária, o primeiro grande revelador em termos universais, embora mais traduzidos do que ele, para línguas europeias dentre as mais cultas, fosse o quase seu rival Fernão Mendes Pinto.

Um e outro é pena não terem visto, observado, interpretado um emergente Brasil como presença inicialmente portuguesa no mundo destinada a ser maior que as por eles conhecidas no Oriente e em Áfricas. E por eles como que quase adivinhadas como sendo laboratórios ideais para estudos de então desconhecidas ciências do Homem – inclusive a que viria a sistematizar-se em antropologia social e sociocultural – que cronistas, viajantes, missionários portugueses se anteciparam justamente nessa adivinhação intelectualmente honrosíssima para Portugal. Entre esses adivinhos não seja esquecido Pero Vaz de Caminha que talvez, antes de escrever a carta célebre, tenha conversado com o frade franciscano que acompanhou Cabral como que dizendo, ao descobrir-se terra depois denominada Brasil: "nós, franciscanos, temos tido o arrojo de discordar de Aristóteles ao acreditarmos ser possível vida humana em espaços quentes".

Para antropólogos dentre os mais modernos a grande pergunta da antropologia continua a ser "o que é o ser humano?", e a resposta tende a continuar a oferecida pelo que mais significativamente se tem como imagem desse ser humano. Pode-se talvez dizer dessa imagem que a mais expressiva será a condicionada pela cultura ou pela situação ecossociocultural em que se encontre, ou a que pertença, o ser, com suas predisposições hereditárias ou de temperamento, afetadas ou moldadas por essa ou aquela situação específica. A teoria do ser situado, à qual o pensamento social brasileiro já acrescentou a, ecologicamente condicionada, de um homem situado no trópico. Imagem a que se assemelha a russa, de um homem boreal. Será que, na antropologia filosófica, a descrição do que ela, a própria antropologia é, constitui, como sugere o antropólogo alemão Rausch, uma parte dessa ciência? O importante seria, então, o fato de o homem se identificar pela antropologia filosófica, através de sua própria estrutura, implicando essa identificação na definição do seu ser.

O que, aplicado à atual situação do universo, nos poderia levar, ao que parece – sem ser este, especificamente, o pronunciamento do citado antropólogo filósofo alemão sobre o assunto – a considerar o ser humano, diferentemente identificado por si mesmo na sua estrutura, a mostrar-se condicionado, no tempo moderno, por, pelo menos, dois tipos: o ocidental e o oriental. Um que se identifica em termos predominantemente lógicos, racionais e, nas suas relações com o tempo, dinamicamente progressista, através de saberes e aptidões tecnológicas e adesões a valores técnico-econômicos, sem, contudo, lhe faltarem predisposições de caráter mágico ou místico, quase abafadas sob as predominâncias de valorizações técnicas e científicas que o cercam e com as quais principalmente – mas não exclusivamente – se identifica. Outro, o não ocidental típico, isto é, resistente a impactos ocidentalistas, por ser fiel à sua estrutura – a estrutura com que principalmente se identifica e o identifica – comportando-se de modo mais mágico do que lógico, mais místico do que racional.

Não terá Camões se antecipado em confrontar esses dois tipos de homens situados? Não terá apresentado o não ocidental como merecedor de atenções ocidentalistas? E a ser exata esta sugestão, não representa atitude de quase antropólogo moderno? Uma obra, tornada clássica, que pode ser considerada contribuição a estudo de Camões como precursor de uma moderna antropologia, é *Flora dos Lusíadas*, pelo conde de Ficalho (Lisboa, 1880). Obra da qual o autor brasileiro do presente esboço de tal estudo pode ufanar-se de possuir exemplar oferecido por António da Câmara – um Ficalho – em Lisboa, em 1949, quase na mesma época em que lhe fora dado conhecer pessoalmente, na ilustre casa da senhora Belfort Ramos, a própria condessa de Ficalho, com quem conversara sobre o esposo tão erudito quanto dotado de sensibilidade.

É do conde de Ficalho interpretação, a que a viúva daria inteligentemente relevo, de ter Camões juntado à "assombrosa erudição clássica" um ânimo de homem da Renascença, e esse homem, um português, em quem se refletiu uma revolucionária atitude, a um tempo literária e científica, voltada para possibilidades de novos conhecimentos científicos da natureza e do homem, apenas a serem adivinhadas. Atitude e adivinhações que tiveram em Portugal, como confluência de saberes de várias origens, um dos seus centros mais criativos. Daí pioneiros portugueses de novas ciências: um deles, Garcia de Orta, de quem se sabe Camões ter sido amigo em Goa. Quase o maior precursor de uma tropicologia vamos dizer, usando termo moderno, ecologia, através do conhecimento de plantas – botânica – tropicais, suscetíveis de se tornarem úteis a gentes não tropicais: universais. Universais pelo seu valor humano. E o conde de Ficalho, estudando com rigor científico a botânica n'*Os Lusíadas*, é a conclusão a que argutamente chega: que na "tela colossal" do grande poema "o personagem que se agita" é "o homem". Apenas, deveria de início destacar, não só o homem português ou o europeu ou o clássico, mas o não europeu, o não clássico, o tropical, visto pioneiramente por olhos portugueses. Daí, para o insigne Ficalho, as cenas de natureza, não só do trópico, em particular, mas geral, não avultaram no épico camoniano. Mas não sendo insignificante nesse épico o que nele aparece de plantas, de virtudes de plantas, de cheiros sensuais de plantas, pode-se dizer dessa botânica camoniana que é quase para-antropológica, desde que são plantas de utilidade e uso humanos e de valorização culturalmente humana. Para-antropológica, portanto.

O conde de Ficalho recorda do Canto IV de *Os Lusíadas* esta evocação magnífica do trópico:

> Aves agrestes, feras e alimárias,
> Pelo monte selvático habitavam:
> Mil árvores silvestres, hervas várias,
> O passo e o trato das gentes atalhavam.

E acrescenta o registro, por Camões, de outras projeções tropicais na nova perspectiva humana do mundo trazida por contatos de portugueses com não Europas. Esta, do Canto VII:

> Sabei que estais na Índia, onde se estende
> Diverso povo, rico e prosperado,
> De oiro luzente e fina pedraria,
> Cheiro suave, ardente especiaria.

E pormenorizando o que é especiaria tropical fala no mesmo Canto de:

> ... pimenta ardente que compara:
> A seca flor de Banda, não fiou,
> A noz e o negro cravo que faz clara
> A nova ilha Maluco com a canela,
> Com que Ceylão é rica, ilustre e bela.

Observa, sempre com ânimo científico, Ficalho, que "especiarias ardentes, perfumes sutis, madeiras preciosas, remédios poderosos, autodidatas soberanos, era o que os navegantes – isto é, os portugueses – procuravam...". Portanto uma busca de valores – acrescente-se a Ficalho – antropocêntricos. Mais ainda: uma indireta pesquisa para-antropológica.

Observação de Camões que já é quase especificação de antropologia cultural é a que vem no Canto X sobre o uso por "capazes selvagens" de "rudes paos tostados" com os quais, essas gentes primitivas conseguiram – uma superioridade sobre civilizados – o que os civilizados ignoravam poder ser realizado.

Já o poeta, por vezes científico, anotara o primor artesanal, de embarcações de gentes primitivas com as quais o português civilizado entrara em contato em trópicos. É o que nos diz no Canto I:

> As embarcações eram, na maneira
> Mui valores, estreitas e compridas;
> As velas com que vem eram de esteira
> D'umas folhas de palma bem tecidas.

Sempre fiel à ciência botânica, Ficalho destaca dessas valiosas palmas, quase de passagem, delas se tecerem esteiras e "grossoeiros artefatos", quando, na realidade, seu desempenho socioantropológico era significativo. E aparece como os de panos de algodão.

Camões especifica no Canto V:

> É com pano delgado que se tece
> De algodão, as cabeças apertavam;
> Com outro, que de tinta azul se tinge,
> Cada um as partes vergonhosas cinge.

Pormenor antropologicamente válido. Como, sob o mesmo ponto de vista, é interessante este outro reparo relativo ao uso de cores em trajos de algodão por gentes africanas de cultura primitiva:

> De panos de algodão vinham vestidas,
> De várias cores, brancas e listradas.

Ao que é válido, comentário de Ficalho, vez por outra tentado a juntar ao seu saber de botânico, sua indireta sensibilidade a fatos socioantropológicos. Este, por exemplo: o de negros – dos encontrados pioneiramente por Camões – conhecerem "desde tempos muito remotos a arte de tecer algodão e a arte de o tingir com azul de diversas *indigoferas*...".

É Ficalho que destaca de Camões ter-se referido no Canto X ao pau-brasil:

> Parte também com o pau vermelho nota;
> De Santa Cruz o nome lhe poreis.

São dois característicos que Camões, talvez tanto como, por vezes, quase antropólogo, e como sempre, poeta, anota, destacar como que valoriza, ao referir-se a gentes primitivas, das que aparecem n'*Os Lusíadas*: cores e cheiros ou perfumes. Registros breves, mas expressivos, os seus. Sintéticos. E com relação a plantas, com um rigor científico que o exigente Ficalho destaca.

Rigor científico que caracteriza seus reparos para-antropológicos. Mas rigor científico a que sempre se junta o gosto pela palavra, pela sugestão, pela imagem literariamente artística como quando fala – para especial deleite de Ficalho, botânico insigne – de planta tropical que era – ou é – como se fosse

> Lágrimas no licor, coalhado e enxuto,
> Das árvores, que cânfora é chamado,
> Com que da ilha o nome é celebrado. (X, 133)

Referência à cânfora de Bornéu. Ora, cheiros, odores, cores, virtudes ou aplicações terapêuticas ou afrodisíacas de vegetais, ligam sempre tais vegetais a homens, a pessoas, a utilizações humanas, tornando-se, assim, para-antropológicas. Daí poder considerar-se a obra de Ficalho, sobre a botânica n'*Os Lusíadas*, valiosa contribuição para o que pode ser considerado conjunto de antecipações para-antropológicas em Camões.

Não seja esquecido o fato de ser de Camões, no Canto V do poema épico, registro de doença "curva e feia" que, estudos posteriores, vieram cientificamente a identificar como doença do homem por carência, por avitaminose de vitamina C: resultado normalmente da falta de alimentos frescos. Em "notas navais" à edição de *Os Lusíadas*, organizada como comemoração Henriquina pelo Ministério da Marinha de Portugal em 1960, destaca-se do mal assinalado por Camões em palavras de poeta com alguma coisa de antropólogo ter sido "um dos grandes flagelos das navegações dos Descobrimentos". Conferiu registros dessa espécie o que no prefácio à mesma e excelente edição é destacado por historiador ilustre: o professor Reynaldo dos Santos. Isto é, não terem aos pioneirismos dos descobrimentos portugueses, riscos de todo opostos – nas palavras do próprio Camões "às delícias que o vil ócio traz consigo".

Não será, entretanto, certo, do ócio, entre tais pioneiros, um deles Camões, ter sido por vezes, magnificamente criativo como no próprio caso mesmo Camões como do autor de *Os Lusíadas*? Já o vice-almirante Almeida d'Eça, em estudo de abril de 1880, reproduzido na mesma e bela edição, salientara, de Camões, ter tido "longo tirocínio marítimo, pois só com largas viagens sobre o mar, poderia ele ter adquirido (esses) conhecimentos tão variados". Observe-se, porém, desses conhecimentos terem incluído não só matéria especificamente marítima, ou oceânica, porém telúrica, geográfica, botânica, e sobretudo, humana e, como humana, antecipadamente antropológica em termos que quase, para a época do poeta, tiveram alguma coisa de uma ciência de observação de comportamentos então ainda não sistematizada. Comportamentos humanos por Camões observados entre os próprios portugueses desgarrados em espaços não europeus e em não europeus dos que conheceria nesses espaços. O lusitano na sua mocidade tão, por vezes, temperamental, dionisíaco, ardente, briguento, até, que esse seu modo de ser lhe valeu a alcunha de *Trinca-Fortes*. Supõe-se ter sido em luta de corpo a corpo com corsários barbarescos que perdeu o olho direito.

Goa não foi para ele recanto de inteiro descanso. Era militar. Soldado. Teve que participar de expedições militares. Mas não lhe faltaram dias de quase lazer, de quase ócio, de quase tempo livre para estudos, junto com a amizade de um compatriota de quem muito parece ter aprendido: Garcia de Orta. O grande Garcia de Orta. De Goa foi à China. E por espantoso que seja, o inquieto, o turbulento, o quase sempre em movimento Luís de Camões, foi, por algum tempo, burocrata. Ocupou cargo de encarregado de administrar bens de defuntos e ausentes. E chegou a ser preso por acusações em que parece ter tido que pagar as culpas de seu antecessor – informa o vice-almirante Almeida d'Eça. Na viagem de regresso da China a Goa, naufragou na Costa de Camboja, tendo se salvado a nado: a ele o já então escrito *Os Lusíadas*. Não parou de viajar. Supõe-se ter conhecido o Japão. Agraciado por vice-rei com cargo ilustre e bem remunerado, informa seu biógrafo não ter chegado a ocupá-lo. Preferiu ir a Moçambique. Daí voltou ao Reino junto com Diogo do Couto. E pobre. Em Lisboa viu vida apagada. Mas em Lisboa surgiu sua obra-prima.

Mas o que é para ser salientado é o fato de Camões, no seu poema, referir-se ao Brasil, não só como a "quarta parte" de um já evidente conjunto de projeções portuguesas em espaços não europeus, como ter especificamente escrito do Brasil:

> Mas ca onde mais se alarga, ali tereis,
> Parte tambem co'o pao vermelho nota;
> De Santa Cruz o nome lhe poreis (*Os Lusíadas*, X)

Acontecimentos a que não faltam, no obra clássica do conde de Ficalho, comentários que, sendo especializadamente botânicos, não deixam de conter informes históricos, entre os quais o de, em crônicas anteriores ao descobrimento do Brasil, já se registrar que "provavelmente em Terracerena", já havia "muito bom brasil; o qual faz muito fino vermelho". O fato de do pau-brasil ter-se feito, durante anos, "muito fino vermelho", liga a madeira conhecida pelos indígenas do Brasil como ibirapitanga ao seu uso humano e, portanto, antropológico. Ficalho – acentue-se que assinala dos vegetais referidos por Camões que, quase sempre, é como são cientificamente caracterizados: pelos seus usos humanos. Como medicamentos, uns. Como perfumes, outros. Como temperos de comidas: o caso de pimenta e cravo, dados como "ardentes". Alguns de usos humanos, mistos: "salutíferos e aberrosos". E sempre indicando exata e rigorosamente os locais de origens desses vegetais não europeus úteis aos europeus civilizados, Camões revela-se sensível a possíveis conexões entre plantas e as suas hoje denominadas ecologias, de tanta importância em estudos socioantropológicos que se incluem a valorizar ambientes de fixações humanas.

Um reparo de Ficalho merece atenção moderna: a da divulgação limitada, acerca de coisas não europeias, antes do aparecimento da imprensa. Resulta essa pouca divulgação em ignorância, da parte de escritores, cientistas, historiadores, de obras informativas, quer de predecessores, quer de contemporâneos. Quase nenhuma informática, a despeito de cópias de certos informes por frades eruditos, que, entretanto, raramente passavam a ser conhecidas além dos bons conventos. Raro um Marco Polo. Daí a importância dos relatos portugueses de viagens pioneiras. Inclusive, alguns desses relatos, por missionários católicos. Até que a esses relatos anteciparam-se alguns portugueses doutos, residentes em espaços não europeus, a elaborarem sínteses de cunho científico sobre produtos e saberes não europeus. Entre esses doutos, nenhum de tanta importância como Garcia de Orta, amigo e informante científico de Camões: inclusive sobre assuntos já antecipadores do que viria a surgir, séculos depois deles, como uma antropologia sociocultural já madrugadora, sob forma supremamente literária, em *Os Lusíadas*.

6. PORTUGUESES NOS PRIMEIROS CONHECIMENTOS DOS TRÓPICOS[1]

Na obra de conhecimento de terras, culturas e populações africanas, orientais, americanas, ainda virgens de olhos europeus, destaque-se que sábios, homens de estudo, ou simples observadores portugueses, salientaram-se por uma série de trabalhos pioneiros que abriram, ou amaciaram, o caminho a trabalhos de outros europeus. Foram eles grandes orientalistas e, sobretudo, tropicalistas dos séculos XV ao XVII.

À sua obra, a de holandeses, de franceses, de ingleses acrescentou sistematização do disperso e exatidão do pormenor. Mas não excelência, nem vigor nos traços decisivos de caracterização ou de revelação da natureza ou das culturas ou das populações tropicais. Não se aponta livro nenhum, de inglês ou flamengo ou francês ou italiano ou alemão que tenha ultrapassado, em poder de revelação pioneira não apenas literária, mas psicológica e, até, sociológica, do Oriente pelo Ocidente, a *Peregrinação*, de Fernão Mendes Pinto: obra do século XVI, na qual se tem retificado muito descuido de data, de nome, de sequência cronológica; muito exagero de dramatização, mas quase nenhuma inverdade essencial. O mesmo é certo da caracterização dos sistemas hidrográficos da África Austral, que o português Duarte Lopes traçou em 1950: obra que vem sendo aperfeiçoada, corrigida e ampliada por numerosos e pachorrentos especialistas europeus, em muitos dos seus detalhes e em várias das suas deficiências. Mas, até hoje, viva no conjunto dos seus traços incisivamente reveladores de uma África, até os portugueses, de todo ignorada pela Europa.

Como até hoje vivo, em sua revelação dos trópicos à ciência europeia, continua o tratado botânico de Garcia de Orta, cuja virtude de obra clássica se junta à do viajante que primeiro revelou aos europeus a configuração das águas da África do Sul e à do orientalista, até hoje, difícil de ser classificado – tal a complexidade

---

[1] Gilberto Freyre, "Portugueses nos Primeiros Conhecimentos dos Trópicos". *Povos e Culturas*, v.1. Lisboa, 1986, p. 9-13.

da sua *Peregrinação*. Ou às páginas em que Antônio Vieira retrata homens e coisas do Brasil no século XVII como expressões do poder português de caracterizar aspectos ainda virgens da natureza e dos homens exóticos ou tropicais. Do maior desses escritores antigos foi, na verdade, uma espécie de antecipação à "procura do tempo perdido", de Proust, pelo que acrescentou, a uma autobiografia desembaraçada de preocupações de rigor cronológico, de descrição e caracterização de homens, grupos e lugares não só diversos como, em diferentes épocas ou situações, alguns deformadores do que parecia fixo em certas personalidades. Inclusive a personalidade do próprio narrador que, se omite o período de exaltação mística em que deixou de ser homem do mundo para tentar ser jesuíta, fascinado pelo exemplo e pela figura do padre Francisco – Francisco Xavier – não esconde, nem diminui, essa fascinação, deformadora de sua personalidade de aventureiro comercial. Pois de Fernão Mendes Pinto pode-se dizer o contrário de Rimbaud: nele, Fernão, a aventura comercial nos trópicos precedeu a aventura de criação literária: arrojo já de velhice.

Aqui se salientam só pioneiras obras típicas de orientalistas e tropicalistas que estão na literatura, não apenas portuguesa, mas mundial, como reveladoras de trechos de natureza ou de cultura humanas desvirginados pela audácia, pela inteligência ou pela ciência lusitana. Destaque-se deles serem estudados hoje, em cursos sistemáticos.

Fernão Mendes Pinto é mais conhecido, e começa a ser mais estimado por alguns, como valor literário de sentido universal, maior do que o do próprio Camões, prejudicado por excessivo nacionalismo. Garcia de Orta e Duarte Lopes são autores, senão científicos, paracientíficos, já traduzidos do português a várias outras línguas, por serem, cada um a seu modo, autores representativos daquele orientalismo ou daquele tropicalismo para o qual o gênio português sempre se inclinou, com amoroso gosto de compreensão e não, apenas, fome de pitoresco ou de exótico.

Vários são na língua portuguesa os autores dos séculos XV ao XIX, de menos vigorosa ou fluente expressão literária, que os aqui destacados, mas de quase igual importância – importância, talvez se pudesse dizer, sociológica – como orientalistas e, sobretudo, tropicalistas: primado que o português só no século XIX e no atual parece ter perdido quase de todo para autores de língua inglesa, holandesa ou francesa.

Mesmo no século XIX, após longo período de depressão vinda do século anterior, deu-se, na literatura portuguesa, uma como revivescência do tropicalismo – tropicalismo no sentido de tema ou centro de interesse estético, científico, humano e não no pejorativo, de modo ou forma subliterária de expressão – de que sobrevivem páginas marcadas pelo vigor moral ou literário dos velhos tempos. Entre estas páginas, as do conde de Ficalho, as de Tomás Ribeiro, as dos exploradores do tipo de Serpa Pinto, Capelo e Ivens; e as de Oliveira Martins, as de Mousinho de Albuquerque, as de Antônio Ennes. Umas um tanto desviadas da melhor tradição portuguesa de tropicalismo, pelo excesso de acídia crítica. Outras por certo pendor para uma afirmação de superioridade europeia sobre as populações tropicais, de sabor antes germanicamente etnocêntrico ou anglo-saxonicamente imperialistas, que autenticamente português.

Mas páginas, mesmo assim, de extraordinário vigor literário ou de forte sentido social. De Antônio Ennes, talvez se encontre a inspiração do tropicalismo literário – literário e sociológico – de Euclides da Cunha. É um confronto a fazer-se.

Do século XV restam-nos as crônicas de Azurara, ou Zurara, que à vivacidade de expressão juntam, antes de qualquer outro escritor voltado para as aventuras portuguesas nos trópicos, certa doçura lusitana para com a gente e as coisas africanas que faz um crítico da acuidade do professor Hernâni Cidade destacar, no velho cronista, uma "humaníssima simpatia". Um humanismo tal e tão superior a considerações de raça que, ainda no século XV, já se adiantava esse extraordinário Zurara a repelir como inumana a escravidão, naqueles dias, tranquilamente normal entre europeus, por mais cristãos.

Do século XVI são numerosos os documentos da capacidade portuguesa para a observação não apenas científica ou paracientífica, mas literária e arbitrariamente amorosa – tocada às vezes de humaníssima simpatia das terras e gentes tropicais ou orientais. Tal a carta de Pero Vaz de Caminha. Tais as crônicas ou relações ou roteiros, é possível que uma e outra vez prejudicados por exagerada adesão à política de terrorismo militar de Albuquerque – de João de Barros, de Gabriel Soares de Souza, de Gândavo, de frei Cristóvão de Lisboa. Como já salientou no cronista Barros o professor Hernâni Cidade, em suas narrativas ou comentários "se não manifesta qualquer parcialidade de raça", revela a de nação – a portuguesa – e a de fé – a cristã. Às vezes, muita. Mas de raça, raros aqueles portugueses que como certo Aranha, do Maranhão, no século XVII, se proclamassem, de público, intransigentemente de raça branca, contra as de cor.

Vários destacam de mouros ou árabes, rasgos de altivez. Doutos, salientam alguns a lealdade ou a nobreza de atos ou façanhas. Encontra um, em meninos pretos do Senegal, aptidões para sacerdotes ou padres. Sempre – ou quase sempre – ânimos cristocêntricos, de amor a Portugal cristão, transbordam de tropicalistas ou orientalistas portugueses do século XVI em mais de uma página. Mas raro, dentre eles, o que não juntasse a esse amor, outro, igualmente forte, por gentes e terras que, de início, quase todos sentiram suas, não pela força de conquista militar ou de astúcia econômica, mas por súbita afinidade entre eles e os naturais dessas terras, entre eles e a natureza dos trópicos.

Há quem atribua a simpatia que de repente ligou o português aos trópicos e ao Oriente ao fato de ele ser europeu meridional e, como bom meridional, amigo daquelas aparências e formas pitorescas de vida que "prendem o sentido": principalmente a cor. A "vária cor que os olhos alegrava", a que Camões se refere. Não somos, entretanto, dos que ligam esse gosto pela cor, tão vivo no português, da era das descobertas – que foi uma era de idílio tão volumoso com os trópicos – à sua simples condição de europeu meridional. E, sim, ao fato de sua situação especialíssima de meridional, que, como o espanhol de várias regiões da Espanha, como o veneziano, como outros europeus do Sul, há longo tempo tinha recebido do mouro ou do árabe decisiva influência no sentido daquele gosto. E o sol, a luz, o clima de suas terras favoreciam nele o pendor para as cores e formas como que festivas de vida e de cultura nos trópicos.

Mas a esses elementos naturais de predisposição, juntava-se decisivamente o cultural, de longo e íntimo convívio com um mouro e, também, com um israelita, que não sabiam separar nem do gosto da vida nem do próprio serviço de Deus único, o gosto pela cor litúrgica e não apenas voluptuosa. Uma ciência – para não dizer somente uma arte –, a da cor, em que árabes e judeus parecem ter-se adiantado aos gregos, cujas obras-primas acusam certa aridez no conhecimento da "vária cor".

7. UM ENCONTRO ENTRE DOIS EUS DE BRASILEIROS PREOCUPADOS COM A RENOVAÇÃO DA LÍNGUA PORTUGUESA NO BRASIL[1]

É curioso que, como estudante universitário em país de língua inglesa, eu, ainda muito jovem – pode-se dizer que ainda adolescente –, convidado por ilustre crítico literário dos Estados Unidos para colaborar em revista cultural dessa língua e desse país, tenha escolhido, para assunto, Augusto dos Anjos.

Por que Augusto dos Anjos? Por que um interesse de jovem, ainda tão jovem, por poeta brasileiro, então quase desconhecido, como poeta, no Brasil e na língua portuguesa?

Seduzido por Darwin, pelo darwinismo, pelo cientificismo, e obcecado, quase morbidamente, pela ideia de morte, Augusto dos Anjos atraiu-me pela singularidade do modo que viria a chamar-se sociolinguístico de ser poeta: a começar pela sua ostentação de um *eu* que, sendo o dele, era também um tanto de outros brasileiros. *Eu*, o seu, não só singular pela ideia de morte pessoalmente convivente com ele: com seu *eu*, com seu físico magro, anguloso, áspero, cuja sombra imagisticamente o acompanhou sempre, fazendo-se presente nas suas cogitações. Inclusive pelo seu modo de procurar nova expressão literária para a língua portuguesa. Sinal do que foi nele afã ou preocupação de audacioso criador de uma sociolinguagem. Singular pela expressão verbal de um *eu* que, sendo carne, dependia do que nele fosse verbo para sobreviver.

Não só pessoal e autobiograficamente voltado para a morte, Augusto dos Anjos pareceu, à minha adolescência, um brasileiro condicionado nos rumos, não só dos seus pés como nos de seus próprios olhares, pela impressão de como

---

[1] Gilberto Freyre. "Um Encontro entre Dois Eus de Brasileiros Preocupados com a Renovação da Língua Portuguesa no Brasil". *Colóquio Letras*, Lisboa, n. 121/122, p. 183-193, jul.-dez. 1991.

que estar de fato caminhando para uma morte, se não próxima, convivente. Rumo místico.

Isto de modo concreto, específico, ecológico. Passos, os seus, por uma específica área recifense – era um recifensizado – que sua poesia, a um tempo introspectiva e visual, imortalizou: a muito recifense ponte Buarque de Macedo. O rumo, o de uma também muito recifense e famosa Casa Funerária – a dos Agra – situada em frente à igreja e ao convento dos frades de São Francisco – a lindíssima Capela Dourada, inclusive – e à Ordem Terceira dessa Ordem. Numerosos jazigos, nas igrejas da Ordem dos bons frades, de recifenses dos de prol, sepultados em recintos privilegiadamente sagrados na época em que esses sepultamentos elitistas eram permitidos.

Continuemos, porém, a procurar fixar pormenores fisicamente pessoais do poeta, antes de considerarmos o ineditismo do seu verbo que suponho me ter impressionado de modo único, em dias de minha grande preocupação com o assunto: uma nova expressão para o português literário do Brasil. É possível que Augusto tenha conhecido numerosos jazigos recifenses: além do convento de São Francisco do Recife, os de outras igrejas de Pernambuco e talvez da Paraíba. Vim a visitar muitos deles, ao procurar juntar impressões, ao lado de informes, sobre o assunto – esforço em que valiosamente me auxiliou o hoje mestre de mestres Edson Nery da Fonseca –, para livro em que, dialeticamente, consideraria jazigos de gente socialmente importante, ao lado de covas rasas de pobres sem eira nem beira. Assunto, o desse projetado livro – dele desapareceu precioso material já reunido, em parte com a ajuda valiosíssima de Edson Nery da Fonseca –, que talvez interessasse Augusto dos Anjos. Pois o livro devia incluir reflexões de sobreviventes sobre mortos queridos, como, para Augusto dos Anjos, o próprio pai.

Mas o inédito do verbo inovador? Impressionou-me, no que lera, ao escrever aos vinte anos, quase adolescente, o artigo em inglês para a revista dos Estados Unidos sobre o poeta quase ignorado, seu domínio como que pioneiro sobre consoantes. Consoantes que, numa língua caracterizada pela predominância de vogais como a portuguesa, eram quase antinacionais. A isto é claro que o levara seu cientificismo, ele próprio um tanto estrangeirado. A mim, na mesma época, estava me levando a nova perspectiva da língua portuguesa, meu estudo universitário do anglo-saxão. Assunto a que voltarei: a música não convencional das consoantes, a preocupar-me, fora também uma das opções linguísticas de Augusto.

À época em que surgiu o *Eu* já se falava, no Brasil, de uma "poesia científica". O positivismo comtiano levara um dos intelectuais adeptos dessa filosofia, o notável brasileiro de Pernambuco Martins Júnior, à concepção de uma poesia que, em vez de convencionalmente lírica, fosse inovadora, lógica, racionalizante, em suas perspectivas, científica. Mas sem que os experimentos do próprio Martins Júnior, nesse setor, se impusessem como verdadeiramente poéticos na sua expressão. Nem em outras línguas, que não a portuguesa, vinham se afirmando, como poetas, experimentadores que pudessem intitular-se antecipadores de futuros poetas científicos.

Entretanto, o fato é que o novo saber humano, no Ocidente, como, em parte, uma das consequências da chamada Revolução Industrial, a feição que vinha crescentemente tomando era a de um saber transnacionalmente cientificizado. Cientificizada, em termos rigorosos, a medicina. Cientificizada, a engenharia. Cientificizados estudos, outrora só humanísticos, como os de filosofia, os de literatura e os de arte. E até, com Renan, os de religião.

O darwinismo, o spencerismo, o evolucionismo, o ateísmo – o ateísmo quase sempre ligado a esses cientificismos – a triunfarem sobre antigas concepções da origem do homem, da origem da vida, das origens sociais, das origens culturais, das origens das instituições e dos sistemas de governo. Toda uma revolução de concepções de vida e de cultura, a apresentar-se como científica ao mesmo tempo que antiteológica, fazendo de crenças, de apreços e de considerações por valores, atitudes que implicassem ligações desses valores com origens vindas de concepções apenas humanísticas ou teológicas, desprezíveis arcaísmos.

Isto, a despeito de Bergsons, Williams James, cardeais Newman, que não é de supor fossem do conhecimento de Augusto dos Anjos, nos seus dias de estudante de Direito no Recife. William James foi conhecido, nessa faculdade, pode-se dizer que solitariamente, por Alfredo Freyre, meu pai.

Tampouco é de supor que fossem do conhecimento de Augusto dos Anjos obras de antropologia e de sociologia, além das do francês Gustave Le Bon e do argentino Ingenieros, ambos medíocres no seu modo de ser cientificistas.

Nenhuma das que, já depois dos dias de Augusto dos Anjos, começaram a ser antecipações da síntese que, como biólogo e como evolucionista, viria a ser produzida, em termos modernos, por Julian Huxley: a evolução como ajustamento de vida a uma variedade de condições e sua consideração dessas condições, através de uma variedade de recursos ambientais. Corretivo a uma evolução de todo e imperialmente uniforme. Admissão de divergências no processo evolucionário. Ou da chamada radiação adaptativa. A comunicação desempenhando papel importante nessa radiação. E dentro desse processo – o de comunicação – a linguagem. E dentro da linguagem, notavelmente – esse "notavelmente" segundo Julian Huxley –, a poesia. O que implicava que, para biólogos evolucionistas, do tipo inovador, pudesse vir a desenvolver-se, entre poesias, uma, da expressão de que seria pioneira a de Augusto dos Anjos.

O que críticos brasileiros, dos mais convencionais da época de Augusto, como Osório Duque Estrada, consideraram, em sua poesia, "grosso cascalho dos exotismos estapafúrdios", pode ser visto, nas palavras sobrecarregadas de consoantes, usadas pelo poeta inovador, como uma poesia que, a seu modo, científica, não se harmonizava com a castiça e latinamente brasileira. Mas ouvindo-se o justo reparo crítico da senhora Lúcia Helena, no seu recente e admirável *Uma Literatura Antropológica* (Rio, 1983), de que a palavra de Augusto não deve ser considerada "científica" como "um conceito adstrito ao verbo", tem-se de considerar essa perspectiva. Pois para Lúcia Helena o léxico empregado por Augusto dos Anjos "satisfaz a uma necessidade vital de sua poesia". O fator vital a sobrepor-se à convicção científica. A poesia transviando-se da ciência, ao mesmo tempo que procurando continuar a ser científica. Sem que a ciência substantiva agisse de todo sobre o poeta transviado dela.

Atuou em parte. É evidente ter atuado. Evidente ter orientado o poeta. Evidente ter sido, até certo ponto, Augusto dos Anjos cientificizado. Se, como poeta, não deixou de comandar sua poesia, é que houve uma superação do intelectual cientificizado pelo poeta superior ao intelectual dessa espécie. Inclusive pelo que, nesse poeta, foi, a seu modo, escandalosamente moderno, transmoderno até, renovador, sociolinguisticamente, da linguagem política. O que, a ser exato, daria à poesia de Augusto dos Anjos – sugira-se – importante expressão classificável como sociolinguística: classificação só possível de, no livro *Casa-Grande & Sen-*

zala, ter surgido, em 1933, uma antecipação brasileira do que, em 1954, por sistematização alemã, seria oficialmente uma ciência.

Moderno anterior aos modernistas da Semana de Arte de São Paulo, é o que foi Augusto dos Anjos na sua linguagem. Moderno, pode-se sugerir que ecologicamente recifense: sempre caminhando por algumas das pontes características da capital de Pernambuco. Com afinidades com Martins Júnior e como uma espécie de discípulo de um ignorado Leal de Barros: um recifense, antes do próprio João Ribeiro, já conhecedor, sem sair do seu Recife, da psicanálise. E que era violinista: sua forma de ser poeta, e que, como poeta, através do violino, foi criador experimental de novos ritmos musicais ouvidos por seus íntimos. Novos e não convencionais. Novos e inovadores. Capaz de quase dizer, em som de violino, o que Augusto dos Anjos veio a dizer, de modo triunfal, em som por vezes quotidianamente apoético. Equivalente de um pós-moderno dizer, ao explodir com um

> Tome, Dr., esta tesoura e ... corte

Para Lúcia Helena, Augusto dos Anjos é para ser considerado um antecipador dos considerados modernistas brasileiros – os de São Paulo –, entre os quais os antropofagistas da corrente do inteligentíssimo Oswald de Andrade: a antropofágica. Não só por ter dessacralizado o "jargão romântico" como por ter ido ao ponto de escrever

> Para desvirginar o labirinto
> Do velho e metafísico Mistério,
> Comi meus olhos crus no cemitério,
> Numa antropofagia de faminto!

E Lúcia Helena argutamente repara em Augusto uma utilização, pode-se dizer que de todo dele, de "recursos impressionistas, isto é, a coisa ou o *it* apreendido segundo a impressão provocada no observador". Um processo impressionista de tal modo exacerbado que chega a "predominar não a impressão provocada mas a irradiação de uma visão expressionista que se projeta na realidade captada". Note-se: "uma visão expressionista que se projeta na realidade captada".

Dizendo o que, a lúcida e atualíssima analista se dá conta de estar chovendo em terreno já um tanto molhado por analista anterior. Já sugerida por outro a visão "expressionista" de Augusto. E honra-me com uma citação, que muito me sensibiliza, de ter sido minha a antecipação, quase remota, acerca do expressionismo da poesia de Augusto dos Anjos, ao lembrar, desse expressionismo verbal, sua aproximação com o pictórico, que caracterizou, quando surgiu entre moderníssimos artistas alemães de Munique: os da década de 1920. Expressionismo, esse, alemão, descoberto para o Brasil, não por paulista da Semana célebre mas por recifense a seu modo internacionalizado. Internacionalizado mas sempre brasileiro: o autor de *Casa-Grande & Senzala*. O também antecipador, nesse livro, de uma ciência sociolinguística que só apareceria formalmente – repita-se – em 1954.

Arte, a arrojadamente inovadora saída de Munique no começo do século de que creio ter sido, na verdade, o primeiro brasileiro, ainda muito jovem, a sentir a potencialidade e a juntá-la a outra inovação, dos mesmos dias, de perspectivas capazes, as duas, de serem transferidas de artes plásticas para outros setores. Essa outra perspectiva, a imagista, de anglo-saxões, da qual pode-se também sugerir haver antecipações, intuitivas e surpreendentes, no paraibano recifensizado Augusto dos Anjos: no seu *Eu*. Imagismo que, entretanto, deixou de sensibilizar modernistas paulistas que, adstritos a modernices francesas, ignoraram de todo modernismos anglo-saxões e modernismos germânicos. Ignorados, esses modernismos, por eles, mas não por recifenses de vanguarda da década de 1920.

Em 1922, encontrando-me em Paris, graças a Vicente do Rego Monteiro, um desses recifenses – pena que Augusto dos Anjos não tivesse tido contato com brasileiro do Nordeste tão antecipador, quanto ele, em perspectivas artísticas –, conheci dois dos futuros participantes paulistas da Semana de Arte de São Paulo: Tarsila do Amaral e Victor Brecheret.[2] Assinale-se, porém, que nenhum dos dois, sondado por mim, revelou o menor conhecimento daqueles dois inovadoríssimos *ismos* europeus que, junto com *Ulysses*, de Joyce, atraíram-me como os mais potentemente capazes de levar pensadores e escritores, e não somente artistas de várias artes, das plásticas às musicais, a novas perspectivas de coisas e de gentes.

---

[2] Na realidade, Tarsila do Amaral não participou da Semana de 22. Mesmo assim, segundo o crítico Jacob Klintowitz, "Tarsila tornou-se o símbolo de um acontecimento do qual esteve ausente". (N. E.)

Compreende-se – perdoe-se a este analista falar de si mesmo – que não viesse a ser, como brasileiro internacionalizado, mas sempre brasileiro, tão sensibilizado, em profundidade, pela Semana de Arte de São Paulo de 22, tanto quanto fora, um pouco antes da explosão dessa Semana, pela poesia de Augusto dos Anjos: pelo que havia nela de uma nova linguagem poemática e não apenas de uma nova visão poética de brasileiro. Linguagem sociolinguisticamente inovadora em língua portuguesa. De onde ter eu escrito sobre Augusto dos Anjos, em revista norte-americana, como poeta de uma marcante originalidade brasileira expressa nestes termos, nele complementares: poemáticos e poeticamente filosóficos. Sociolinguísticos, como se diria algum tempo depois.

Quando em 1977 apareceu o *Eu* em língua espanhola, na muito brasileira coleção *Iracema* – em memória de José de Alencar, indianista e notável abrasileirador, em termos literários, da língua portuguesa –, a extraordinariamente inteligente Maria Julieta Drummond de Andrade, iniciando, com tradução de Augusto dos Anjos, esse belo empreendimento cultural, apresentou Augusto como "poeta extrañamente original que ve a traves de las fuerzas disociativas la imagen de la humanidad futura". O que, a ser exato, o paraibano recifensizado teria chegado à condição de pioneiro de uma mensagem de caráter universal.

O tradutor de Augusto dos Anjos para a língua espanhola foi um intelectual argentino: Manuel Graña Etcheverry. Que diz Etcheverry do por ele traduzido e então quase ignorado brasileiro? Que era autor de "*versos vibrantes, perturbadores, que tomaran por materia la muerte, la putrefacción, la enfermedad asquerosa, en fin, todo lo trágico y repugnante de los fenómenos vitales disgregativos*". Ao que acrescentou o registro da atitude do então considerado príncipe da poesia brasileira, Olavo Bilac. Ao tomar conhecimento de versos, para Bilac, tão apoéticos, "(...) *hizo bien en morir*".

A verdade, porém, é que vêm se sucedendo, nos últimos anos, edições de *Eu* e ocorrendo a superação de Bilac por ele como grande poeta brasileiro. Não têm sido raros, em anos recentes, reexames e novas caracterizações do autor de *Eu*. Inclusive a notável tese, *A Cosmogonia de Augusto dos Anjos*, da já citada com admiração professora Lúcia Helena, da Faculdade de Humanidades Pedro II, do Rio de Janeiro.

Reexames e novas caracterizações, além de estéticas, sociofilosóficas, do poeta inovador. Caracterizações destacadas, pelo intelectual argentino e tradutor de *Eu* para a língua espanhola, como as de um poeta "*épico dramático*" e, como tal, "*fruto de la tensión entre el caos (principio de desagregación) y el cosmo (principio de agregación)*", com uma "*intuición monistica*", a caracterizar o que, nos poemas de Augusto, o crítico argentino destaca como, além de "*fusión de lo perene y de lo transitorio (...) constelación de fuerzas (los ejes de tematizatión), que se entrecruzan a largo de toda la obra*", "*la creación*" representada principalmente "*por la imagen del telus, del humus e del Arte*". Imagismo do mais incisivo, portanto. *Eu* "*seria así un cuestionamento poético en que se inbrican una aguda conciencia estética y un contenido repensar del escenario humano*". Note-se virem ocorrendo ultimamente identificações de tais poetas autênticos com a maneira poemática de Augusto dos Anjos, e que um deles, dentre os mais notáveis, surgiu há pouco falando como se pela sua boca e pela sua voz falasse o próprio Augusto.

Ao que se acrescente, repetindo-se observação já anotada, ter a professora Lúcia Helena concordado com o talvez primeiro analista a destacar, como estudante brasileiro, ainda adolescente, no estrangeiro, a originalidade e a importância de *Eu*, como apresentação intuitivamente expressionista e, como tal, pioneiramente modernista, de temas ligados à morte, sem lhe faltar sentido, além de brasileiro, telúrico, ecológico, criativo. O expressionismo de Augusto dos Anjos, intuído por adolescente brasileiro, quando ainda estudante universitário nos Estados Unidos, muitos anos antes de vir a ser reconhecido por crítica literária ilustre.

De onde poder dizer-se haver, em *Eu*, resposta especificamente brasileira – telúrica e criativa – àquele desafio que a morte representa para as filosofias, para as ciências do Homem, para as artes. Poderia ter sido referida por Jacques Choron no seu *Death and Western Thought* (Nova York e Londres, 1983), onde as respostas a desafio tão pungente incluem, dentre as modernas, além do brado poético de Federico García Lorca "*yo quiero que me enseñen donde está la salida para este capitán atacado por la muerte*", reflexões as mais diversas: desde a de Nietzsche à de Heidegger. Entre elas, a do existencialista católico, de minha particular estima pessoal, com quem em Paris conversei sobre Augusto dos Anjos: Gabriel Marcel. De onde o coordenador das aludidas respostas ter chegado a uma conclusão que talvez pudesse incluir a de Augusto dos Anjos em *Eu*: a de poder-se contar com uma "visão do drama cósmico que dá às mais humildes vidas um sentido que as coloca além dos desgastes do tempo. Do tempo e da morte". Não estará essa "visão do drama cósmico" presente naquele Augusto dos Anjos em quem o tradutor argentino encontrou até um antecipador da "imaginação filosófica" de Teilhard de Chardin?

Talvez se possa dizer da linguagem de Augusto dos Anjos que ainda espera por uma, em termos especificamente estéticos, análise mais profunda. Porque, tendo sido uma linguagem sobrecarregada de projeções de ciência sobre expressão poética, teve que ser aparentemente quase apoética. Mas com o poeta bailando – destaque-se – um novo tipo de *ballet* sociolinguístico em língua portuguesa. Assim, quando fala do espaço como abstração spenceriana, ousa fazer, não do spencerismo, mas do próprio Spencer um como que comparsa do seu remexer de ossos não de particulares mas de toda a espécie humana. Fala de "psicoplasmas". Fala de "filostomo ávido nocturno". Fala de "blastodermes". Cria nova linguagem poética com esses arrivismos verbais. Com esses monstruosos novo-riquismos verbais de origens inovadoramente científicas. Novas rimas. Novos ritmos. Novas combinações musicais em língua portuguesa. Doma palavras-feras. Acaricia palavras-monstros para que obedeçam sua maneira escandalosamente nova de ser poeta comprometido com ciência. Estabelece relações quase de coito poeticamente danado com palavras sobrecarregadas de consoantes. Estupra a língua portuguesa. Comete violências de quem rasgasse ventres de mãe – da língua materna – para deles retirar bebês hediondamente sinistros mas com alguma coisa de fascinante.

Situa-se, assim, entre os maiores renovadores, ampliadores, enriquecedores não só da língua portuguesa como talvez de línguas latinas, em geral. Mostra-se, paradoxalmente, neste particular, outro e maior José de Alencar. Um anti-Machado de Assis. Um anti-Joaquim Nabuco. Mas indo além deles. Escandalizando. Chocando. Irritando. Deixa Euclides da Cunha quase na sombra como um corruptor da língua castiçamente portuguesa que, entretanto, enriquece, avigora, moderniza, pós-moderniza, mais ousadamente do que o autor de *Os Sertões*. Só Guimarães Rosa se aproximaria dele. Mas cautelosamente. Mineiramente. Menos violento. Menos brutal, em estupros de virgindades da língua portuguesa. Mas sem a mesma repercussão popular alcançada por Augusto dos Anjos. A fenomenal repercussão popular de *Eu*.

Faz-se declamar, recitar, amar, por brasileiros, que nele, sem o entenderem de todo, ou de modo algum, encontram instintivas afinidades através de sons de linguagem e talvez de ânimos um tanto sadicamente estuprantes. Afinidades nas quais se misturam quotidianos a vozes, palavras, polissílabos, até, vindos ainda quentes, alguns deles, de laboratórios, de tratados de biologia, de livros de anatomia para sensibilizarem estranhamente ouvidos de quase analfabetos. Entre os quais os "soldados de polícia" que Manuel Bandeira teria se admirado de serem entusiastas de Augusto dos Anjos.

Como se enganaram, a seu respeito, não só Olavos Bilacs como, até, Manuéis Bandeiras, estes por não terem sabido descobrir em Augusto não só um modernista mas um pós-modernista mais fraterno com eles do que Mários e Oswalds de Andrades! Mais telúrico do que esses irredutíveis beletristas de gabinete.

Augusto foi a negação do beletrista convencional e é difícil imaginá-lo na Academia Brasileira de Letras. Mas ninguém, mais do que ele, escritor. Escritor superliterário. Magnificamente superliterário pelo que significou para a língua portuguesa através da sua expressão mais que literária.

Pergunto a mim mesmo por que, estudante universitário no estrangeiro, quase sem ter com quem conversar sobre coisas literárias brasileiras, deixei-me de repente fascinar pelo gênio de Augusto dos Anjos a ponto de escrever sobre ele, aos vinte anos, em revista cultural em língua inglesa. Por quê?

Creio que uma das respostas está no fato de ter escrito esse artigo ainda quente de curso universitário que fui talvez o único brasileiro, até hoje, a seguir, praticando verdadeira façanha: o estudo sistematicamente universitário de anglo-saxão: a pré-língua inglesa. O curso me pôs em contato com uma língua em estado de tal modo telúrico que revolucionou toda a minha visão da própria língua portuguesa. O curso como que chegou a afetar minha latinidade, levando-me a enxergar no excesso da influência eruditamente latina sobre a formação brasileira antes desvantagem que vantagem. Como um fator de artificialização livresca da língua portuguesa que senti não ter tido oportunidade de superações pré-brasileiras de expressões apenas latinas. Superações como viriam a ser as tentadas retardadamente, *à la* Joyce, por Guimarães Rosa, de fazer voltar a língua literária a formas rústicas, selvagens, quase analfabéticas, de expressão.

Com a minha leitura de jovem, muito jovem, do *Eu*, encontrei em Augusto dos Anjos, mais do que em *Os Sertões* ou em Alencar ou em Eça, um telúrico que, remexendo ossos, desgrudando-os de carnes transitórias, embora de modo algum desprezíveis, como que daria a esses ossos uma dignidade simbólica de permanência que projetasse, na linguagem de jovens empenhados em tornarem-se escritores, uma mais profunda ligação com o Brasil essencial e não apenas convencional. E que permitisse a esses jovens transferirem, para a língua portuguesa, uma espécie de equivalência dos ossos da bela, magnífica, opulenta, complexa língua inglesa, que eu encontrara no anglo-saxão. Nas suas palavras essenciais, existenciais, germinais, das quais sairiam as mais vigorosas palavras do próprio Shakespeare. Um Shakespeare que nunca se deixaria, como Milton se deixou, latinizar por excessos de erudição de gabinete.

Aqui, uma particularidade a notar-se em Augusto dos Anjos: pode ter pecado por excessos cientificistas. Nunca, porém, por excesso de erudição que o separasse do brasileiro comum. Daí virem se entendendo Augusto e o brasileiro comum.

Entre ele e o brasileiro comum estabeleceu-se uma surpreendente afinidade. Se é certo do grande Manuel Bandeira ter dito, antes de, converter-se a Augusto dos Anjos, que Augusto era "poeta para soldado de polícia", o toque pejorativo do reparo não deixou de registrar uma surpreendente popularidade de poeta de modo algum popularesco. Mas com um misto, na sua expressão superliterária, de ênfases em horrores e, contraditoriamente, em ligações entre esses horrores e tendências a uma superação deles por novas formas de vivência e de convivência. Esse misto, através de uma musicalidade nova, atraente, profética, popularizou-o. E essa popularidade vem se reafirmando.

Talvez seja hoje mais lido, no Brasil, por gente do povo do que Castro Alves e do que Gonçalves Dias. Mais do que Bilac. Mais lido do que Mário de Andrade, Cassiano Ricardo, Oswald, Menotti: os festivos Modernistas de 22. Sem ser ostensivamente festivo, Augusto parece sensibilizar brasileiros por uma espécie de religiosidade não clericalmente cristã, não só em torno da morte, como, paradoxalmente, em torno da vida. A mesma espécie de religiosidade que está fazendo brasileiros de hoje incluírem, à revelia de um, por vezes, quase cretino clero católico do chamado progressista, entre ex-votos, não só partes de seus corpos, quando doentes, e ameaçados de morte – saliente-se o brasileirismo esplêndido –, mas suas lavouras, seus animais e, agora, até suas máquinas. Máquinas, dentre as mais modernas, quando sob ameaças de doença grave e de morte semelhantes aos perigos que vêm pondo em risco sobrevivências de vegetais e de animais úteis aos homens.

O brasileiro homem do povo não pretende esconder-se de tal modo da morte que a ignore. O que ele procura é superá-la, pegando-se com seus santos, ao defender-se de triunfos, sobre ele, brasileiro comum, de doenças que pareçam fatais. Daí a abrangência dos ex-votos do cristão teluricamente brasileiro estar se estendendo até a promessas em torno daquelas moderníssimas máquinas doentes. Ao estender esse brasileiro essa defesa a espigas, a lavouras, a bois, a carneiros, e também a tratores e arados doentes, ele se mostra cósmico, telúrico, ecológico num sentido que não faltou ao muito brasileiro Augusto dos Anjos. O Augusto dos Anjos de quem se sabe ter dito, certa vez, que em vez de Augusto deveria chamar-se Arbusto.

Natural que fosse telúrico. Recifensizado e muito, não nasceu no Recife. Nasceu em casa-grande da muito sua Paraíba. Casa-grande perto da qual havia um pau-d'arco a que se sabe ter se afeiçoado quase como se fosse afeto de pessoa a pessoa.

E pela saúde do qual, se soubesse a quase materna árvore ameaçada de morte, é possível que o racionalista, o darwinista, o spenceriano, tivesse concorrido com o irracional, que nele talvez sobrevivesse secretamente, em fazer promessa a santo ou à Virgem, para poupar a vida do bom do pau-d'arco, dado como perdido pelos bacharéis em agronomia.

Acentuo ter lido *Eu*, quando estudante universitário no estrangeiro, após uma nada insignificante aventura possível de ser denominada sociolinguística, que me aproximou, nesse setor, de perspectiva buscada por Augusto para criar uma nova língua literária: a cientificizada em vez de convencional, literária, castiçamente neolatina. A aventura de ter eu estudado a sério e aprendido de fato uma língua que creio nenhum outro brasileiro, antes ou depois de mim, estudou: o anglo-saxão. O anglo-saxão de cujos verdores emergiu a magnífica língua inglesa, como se essa língua, quando esplêndida de maturidade, viesse a substituir o ascetismo ósseo da língua verdemente mãe por uma língua aberta à sensualidade de opulentos gostos sensuais de carne adquiridos por não poucas de suas palavras germinais. O próprio *ling* que anima a muito inglesa palavra *darling* vinda de *dear* e *ling*. Expressão máxima, nessa língua, de amorosidade. O *inho* da língua inglesa.

Ao passar do estudo do anglo-saxão à leitura de *Eu* foi como se me defrontasse com palavras semelhantemente descarnadas: as nascidas para virem, quando sobriamente reencarnadas, a ser escritas, umas longas, por serem, por vezes, compostas, outras, também longas, por suas origens latinas, em contraste com as anglo-saxônicas, sempre breves. Breves e de sons, a seu modo, os de origem anglo-saxônica, matinalmente e até madrugadoramente musicais. Musicalidade quase noturna, antes de tornar-se madrugada, que ocorre em Augusto.

O *Eu*, parece que o escreveu Augusto dos Anjos mais para ser musicalmente falado do que lido literariamente, de modo semelhante ao acontecido com o anglo-saxão, no qual se escreveram obras como que só pré-literárias, porém fortemente expressivas na sua oralidade um tanto imatura. Os termos científicos, segundo o gosto de Augusto, eram para serem mais falados por bocas que lidos literariamente por olhos. E dando a certas palavras cientificizadas certa recuperação do que teriam sido, quando usadas, sem específicas intenções científicas, à maneira das descarnadamente anglo-saxônicas na sua pureza. Certa recuperação de sua virgindade de palavras que fossem quase que só palavras-ossos de tão sem redondos. Ainda sem arredondados latinos de revestimento de carne. Latinos e latinizantes.

Os olhos que hoje leem *Eu* continuam a ser mais bocas que olhos. Repetem as palavras lidas com um gozo sensual de quem chega a repeti-las pelo puro prazer de saboreá-las, gozá-las, mastigá-las, quase sem entendê-las de todo. Mais intuindo-as do que sabendo seus significados logicamente exatos. Por vezes, Augusto faz que suas palavras sejam perversamente apreciadas pelos seus próprios gostos e odores das podridões que evocam. Aliás, não é certo de, no setor do paladar, o requinte ser estimar-se a comida já passada e, até, quase podre? O requintado do *faisandé*.

Eu é um livro em que o saber científico do autor desempenha mais o papel de servo de suas intuições ou de servo de sua arte musicalmente verbal do que de ostentação de conhecimentos rigorosamente científicos. O autor absorveu um tanto esses conhecimentos. O autor leu Spencer. O autor procurou inteirar-se de teorias de Darwin. Procurou impregnar-se do evolucionismo quando ortodoxo e uniforme. Mas chegou a um ponto em que, como quem sabe música pelo ouvido, ele usou língua de ciência também aprendida pelo ouvido e quase voluptuosamente. E que ouvido sensível a graças, a sons, a ênfases musicais, o ouvido de Augusto dos Anjos!

O que pode-se sugerir ter, em parte, acontecido com Euclides da Cunha. Mas com Augusto dos Anjos de um modo talvez menos convencionalmente musical. Mais um excesso, sobre ele, de influência hereticamente wagneriana que a dos clássicos. Mais a de sons extremos e desvairados que de sons exemplarmente equilibrados. Sua música ideal talvez tivesse sido uma que não chegou a conhecer: de Stravinski. E sugira-se que, um tanto, a de um futuro Villa-Lobos. Nunca a de Carlos Gomes.

Procurei seguir, como escritor literário da língua portuguesa, sugestões anglo-saxônicas. Parte da minha tentativa de contribuir para reverdecer a língua literária do Brasil, libertando-a de, para mim, excessos de maturidades representadas por latinismos dos mais convencionalmente tendentes a serem de todo eruditos, a livrescos, a fechadamente clericais, reflete influência do que aprendi de anglo-saxão. Servi-me, de início, de modo que escandalizou puristas ortodoxos, de não poucas palavras breves, de uma ou duas sílabas, de origem, quer indígena ou ameríndia, quer afronegra, que fossem equivalentes de palavras breves de anglo-saxão sobreviventes na língua inglesa. Elas estão em *Casa-Grande & Senzala*: em sentenças, entretanto, paradoxalmente, longas. Palavras, até, de uma só incisiva e sugestiva sílaba, que, aliás, existem no próprio português misto de popular e de erudito, como a lusitaníssima *cu*, em Portugal de uso muito mais inocente e quotidiano do que no Brasil. Palavras tão verdes para sempre, no português do Brasil, como dissílabos de origem ameríndia: *caju, cajá, açu, mirim*. Ou de origem musicalmente afronegra: *banzo, cunhã,*[3] *bunda*. Palavras de todo sempre verdes em língua portuguesa latinamente menos erudita.

---

[3] Embora o autor esteja destacando o aspecto musical da palavra, *cunhã* tem origem tupi. (N. E.)

Segundo outro critério renovador da língua portuguesa do Brasil, dando-lhe outra espécie de verdes, Augusto dos Anjos buscou essa renovação, principalmente em polissílabos de origem arrevesadamente científica. Alguns com consoantes quase antilatinas. Porém wagnerianamente musicais. Com gostos sonoros que vêm sensibilizando até soldados de polícia abertos à música ruidosamente sonora chamada de pancadaria.

Dados Internacionais de Catalogação na Publicação (CIP)
(Câmara Brasileira do Livro, SP, Brasil)

Freyre, Gilberto, 1900-1987
  Uma cultura ameaçada e outros ensaios / Gilberto Freyre; apresentação de José Carlos Venâncio – São Paulo : É Realizações, 2010.

  ISBN 978-85-88062-95-5

  1. Brasil - Civilização - Discursos, ensaios, conferências
  2. Portugal - Civilização - Discursos, ensaios, conferências
  I. Venâncio, José Carlos. II. Título.

10-07479   CDD-981

Índices para catálogo sistemático:
1. Brasil : Civilização : História social   981

Este livro foi impresso pela Prol Editora Gráfica para É Realizações, em julho de 2010. Os tipos usados são da família Goudy OlSt BT, Fairfield LH e Trajan Pro. O papel do miolo é chamois bulk dunas 90g, e, da capa, cartão supremo 300g.